하나님 언약의 통로 요셉

하나님 언약의 통로 요셉

이재록 목사 성경 인물 시리즈 3

우림

"하나님이 큰 구원으로
당신들의 생명을 보존하고
당신들의 후손을 세상에 두시려고
나를 당신들 앞서 보내셨나니
그런즉
나를 이리로 보낸 자는
당신들이 아니요 하나님이시라
하나님이 나로 바로의 아비를 삼으시며
그 온 집의 주를 삼으시며
애굽 온 땅의 치리자를 삼으셨나이다"

| 창세기 45장 7~8절 |

· 펴내는 글 ·

하나님 언약의 통로, 꿈의 사람 요셉…

지금으로부터 약 4천 년 전, 인생의 가장 밑바닥에서 일국의 총리 자리에 오른 사람이 있습니다. 7년간 불어닥친 고대 근동지방의 대기근에서 수많은 생명을 구원한 사람, 인간 경작의 표본인 이스라엘 민족의 기틀을 마련한 사람, 바로 요셉입니다.

요셉은 믿음의 조상 아브라함의 증손자입니다. 아브라함의 아들 이삭은 야곱을 낳았고, 야곱은 네 아내로부터 열두 명의 아들을 낳았는데 그중 열한 번째 아들이 요셉입니다. 창세기 37장 2절 이하를 보면 "야곱의 약전이 이러하니라" 하면서 17세 소년 요셉의 행실과 그를 둘러싼 형들의 반응, 그리고 요셉의 예사롭지 않은 두 차례 꿈에 대한 내용이 나옵니다.

꿈의 내용은 이렇습니다. 한 번은 밭에서 곡식을 묶는데 요셉이 묶은 곡식 단에 형들의 곡식 단이 절하는 꿈이었고, 또 한 번은 해와 달과 열한 별이 요셉에게 절하는 꿈이었지요. 이는 하나님께서 주신 꿈으로, 장차 요셉이 존귀하게 되어 부모와 형제들까지도 그를 높이게 되리라는 의미가 담겨 있었습니다.

그렇다면 왜 이스라엘의 조상 야곱의 약전에 이러한 내용이 기록된 것일까요? 요셉의 삶은 아브라함과 이삭, 야곱과 맺은 하나님의 언약이 이루어지는 과정이자 통로였기 때문입니다.

"… 그는(여호와) 그 언약 곧 천 대에 명하신 말씀을 영원히 기억하셨으니
이것은 아브라함에게 하신 언약이며 이삭에게 하신 맹세며
야곱에게 세우신 율례 곧 이스라엘에게 하신 영영한 언약이라 …
그가 또 기근을 불러 그 땅에 임하게 하여
그 의뢰하는 양식을 다 끊으셨도다
한 사람을 앞서 보내셨음이여 요셉이 종으로 팔렸도다
그 발이 착고에 상하며 그 몸이 쇠사슬에 매였으니
곧 여호와의 말씀이 응할 때까지라 …" (시 105편)

형들에 의해 애굽 땅에 팔려와 노예생활에서 감옥생활로 이어지는 요셉의 처지는 언뜻 보기에 불통의 연속 같습니다. 하지만 이는 장차 요셉을

애굽의 총리로 세워 이스라엘 민족의 기틀을 마련케 하시려는 하나님의 계획과 섭리 가운데 허락된 것입니다.

요셉은 하나님께서 주신 분명한 꿈과 비전이 있기에 어떤 상황에서도 낙심하지 않았습니다. 성실하고 정직하게 행하면서 오직 정도를 좇으니 하나님께서는 그가 가는 곳마다 형통케 하셨고 주변 사람들로부터 사랑과 인정을 받게 해주셨습니다. 결국 요셉은 하나님의 인도하심 가운데 애굽 총리로 세워집니다.

때가 이르자, 형들이 요셉 앞에 나아와 엎드려 절합니다. 이들은 양식을 구하기 위해 애굽 총리 앞에 엎드린 것이지만, 결국 하나님이 주신 꿈대로 이뤄진 것입니다. 요셉은 자신을 노예로 판 형들에게 서운함이나 미움의 감정이 조금도 없었습니다. 오히려 형들이 온전한 회개를 이룸으로 하나님과의 사이에 막힌 죄의 담을 헐고 이스라엘 열두 지파의 초석으로 나올 수 있도록 선한 지혜를 발휘합니다. 용서를 넘어 모두를 살리고자 하는 사랑의 깊은 차원입니다(창 45:5).

하나님께서 이 땅에 인간을 창조하시고 오랜 세월 경작하시는 이유는 영원히 사랑을 주고받을 수 있는 참 자녀를 얻기 위함입니다. 이를 위해 인간 경작의 모델로 선택받은 민족이 바로 이스라엘입니다. 사랑의 하나님께서는 믿음의 조상 아브라함을 택하시고 야곱의 열두 아들 대에 이르러 민족 형성의 기틀을 마련하셨습니다.

이 과정에서 요셉은 온 가족을 애굽으로 이끌어 들여 주변 민족의 위협으로부터 보호함으로 하나님 섭리를 이루는 통로가 되었고, 이스라엘은 430년이라는 짧은 시간 동안에 큰 민족을 이루게 되었습니다.

애굽에서 소년 요셉의 인생은 날이 갈수록 낮아지는 것처럼 보였지만, 그것은 큰 그릇을 만들기 위한 연단이며 축복의 지름길이었습니다. 이는 요셉이 어떤 상황에서도 하나님의 선하신 뜻을 믿고 바라보며, 하나님께서 주신 꿈이 이루어질 것을 믿으며 하나님만 의뢰했기 때문입니다.

모쪼록 본서를 통해 독자 여러분도 요셉과 함께하신 축복의 하나님을 만나 범사에 형통한 삶의 비결을 배우며, 진정한 리더십이 무엇인지 깨달아 마지막 때 하나님의 섭리를 이루는 통로가 되시기를 기원합니다. 그동안 책자 발간을 위해 수고해 주신 빈금선 편집국장과 우림북 직원들에게 감사드리며, 친히 인도하신 아버지 하나님께 모든 감사와 영광을 올려 드립니다.

2016년 10월, 겟세마네 기도처에서

이 재 록 목사

애굽 총리 요셉의 가계도

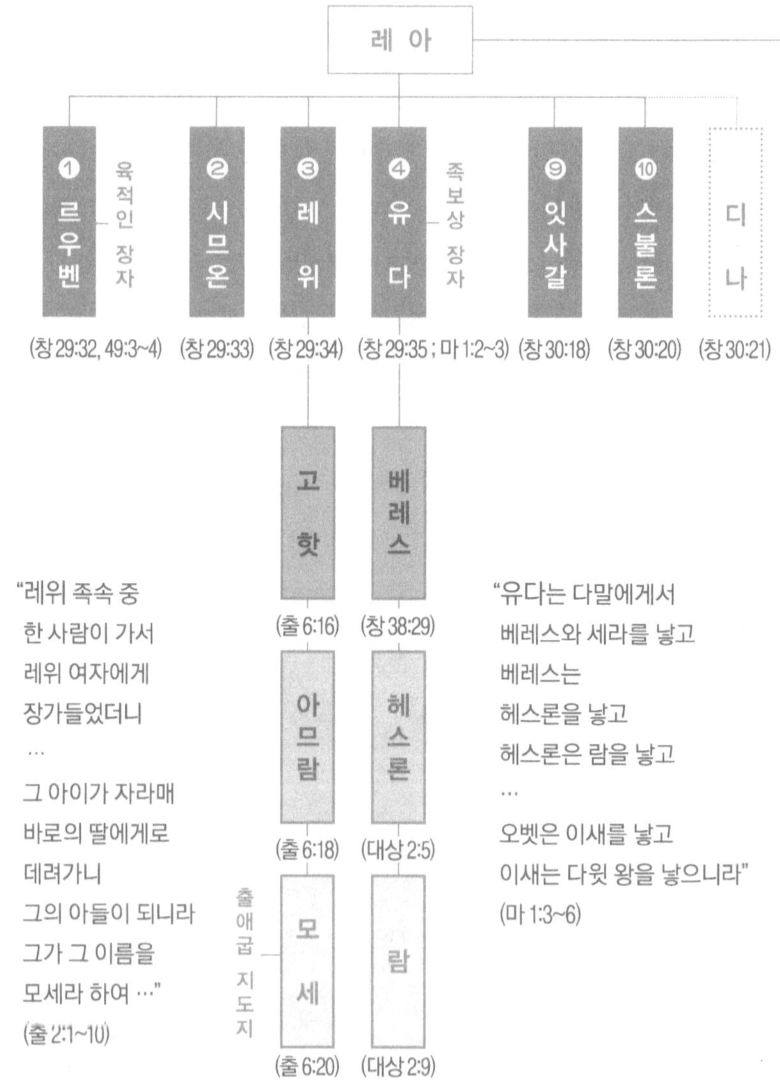
레 아
① 르우벤
육적인 장자
(창 29:32, 49:3~4)
② 시므온
(창 29:33)
③ 레위
(창 29:34)
④ 유다
족보상 장자
(창 29:35 ; 마 1:2~3)
⑨ 잇사갈
(창 30:18)
⑩ 스불론
(창 30:20)
디나
(창 30:21)
고핫
(출 6:16)
아므람
(출 6:18)
모세
출애굽 지도자
(출 6:20)
베레스
(창 38:29)
헤스론
(대상 2:5)
람
(대상 2:9)
"레위 족속 중
한 사람이 가서
레위 여자에게
장가들었더니
…
그 아이가 자라매
바로의 딸에게로
데려가니
그의 아들이 되니라
그가 그 이름을
모세라 하여 …"
(출 2:1~10)
"유다는 다말에게서
베레스와 세라를 낳고
베레스는
헤스론을 낳고
헤스론은 람을 낳고
…
오벳은 이새를 낳고
이새는 다윗 왕을 낳으니라"
(마 1:3~6)

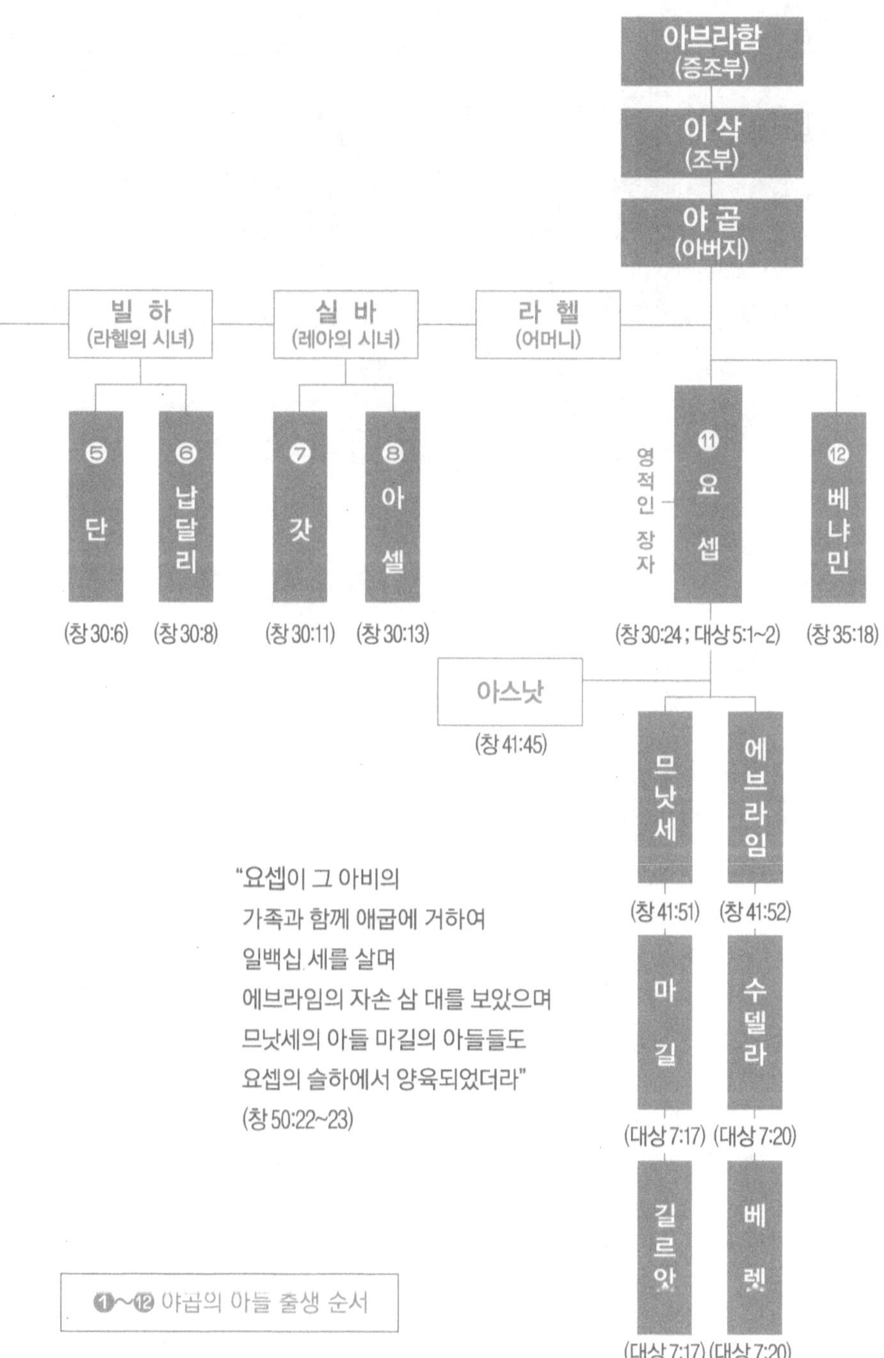
아브라함 (증조부)
이 삭 (조부)
야 곱 (아버지)
빌 하 (라헬의 시녀)
실 바 (레아의 시녀)
라 헬 (어머니)
⑤ 단
(창 30:6)
⑥ 납달리
(창 30:8)
⑦ 갓
(창 30:11)
⑧ 아셀
(창 30:13)
영적인 장자
⑪ 요셉
(창 30:24 ; 대상 5:1~2)
⑫ 베냐민
(창 35:18)
아스낫
(창 41:45)
므낫세
(창 41:51)
에브라임
(창 41:52)
마길
(대상 7:17)
수델라
(대상 7:20)
길르앗
(대상 7:17)
베렛
(대상 7:20)
"요셉이 그 아비의
가족과 함께 애굽에 거하여
일백십 세를 살며
에브라임의 자손 삼 대를 보았으며
므낫세의 아들 마길의 아들들도
요셉의 슬하에서 양육되었더라"
(창 50:22~23)
❶~⓬ 야곱의 아들 출생 순서

창세기에 나오는 요셉의 이동 경로

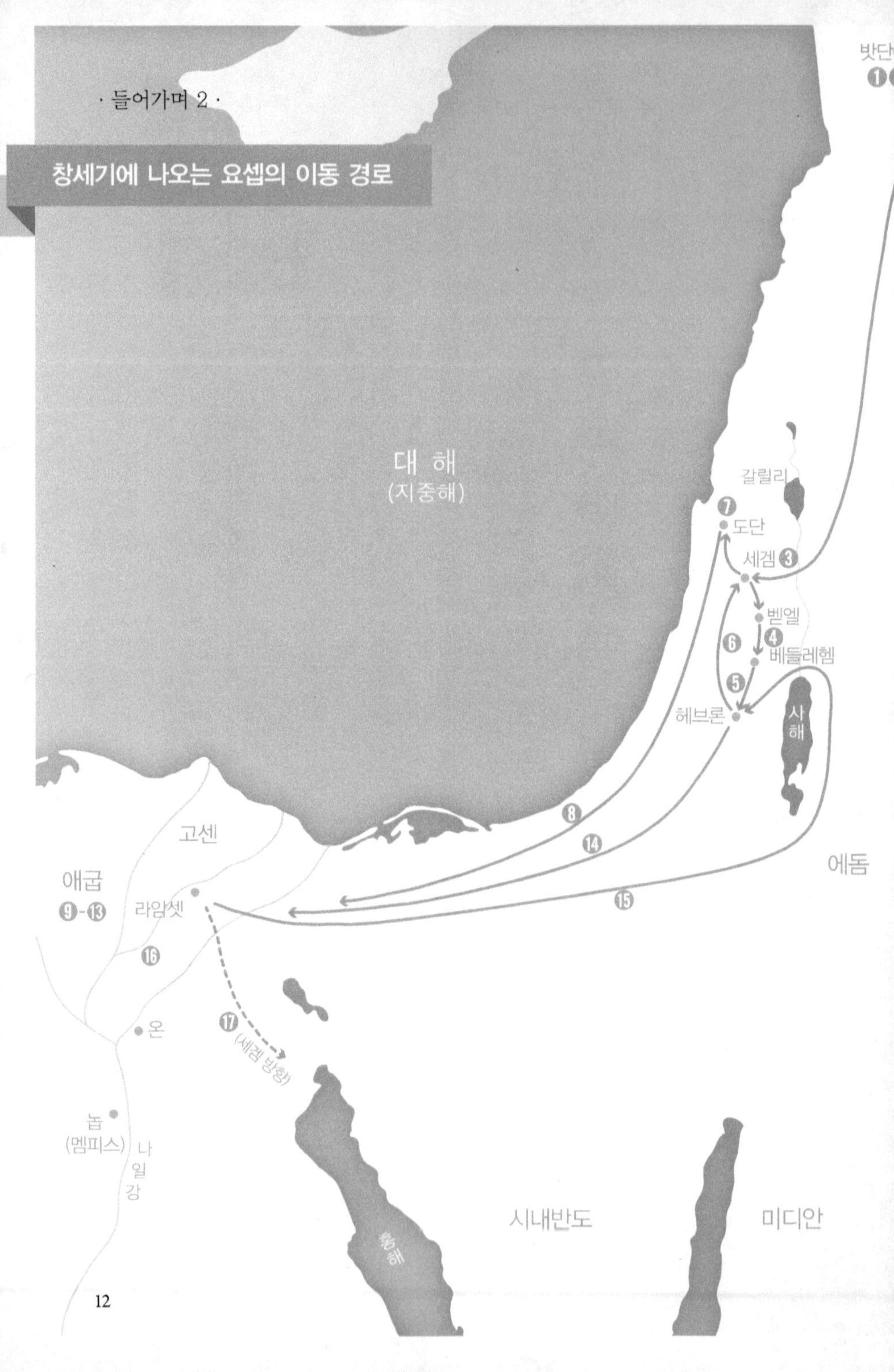

〈출생 이후 17세까지〉

❶ 밧단아람에서 야곱의 열한 번째 아들로 태어나다 (창 30:24)

❷ 요셉이 태어난 후 야곱이 라반과 계약을 맺고 거부가 되다 (창 30:25~31:1)

❸ 가족과 함께 얍복 강을 건너 가나안 땅 세겜 성에 정착하다 (창 33장)

❹ 디나 사건으로 세겜을 떠나 벧엘을 거쳐 헤브론으로 이동하던 중,
어머니 라헬이 베냐민을 낳다가 죽어 베들레헴에 장사되다 (창 35:19)

❺ 아버지 야곱과 함께 헤브론에 이르러 할아버지 이삭을 만나다 (창35:27)

❻ 아버지의 심부름으로 형들을 찾아 세겜으로 가다 (창 37:14)

❼ 천사의 도움으로 도단에 이르러 형들을 만나다 (창 37:17)

❽ 형들에 의해 미디안 상인들에게 팔려 애굽으로 가다 (창 37:28)

〈17세에 노예로 팔려가 30세에 애굽 총리가 되기까지〉

❾ 바로의 시위대장 보디발의 집에 팔린 후 가정 총무에 오르다 (창 39:4)

❿ 누명을 쓰고 왕의 죄수를 가두는 감옥에 갇히다 (창 39:20)

⓫ 애굽에 온 지 13년 만에 왕의 꿈을 해석하고 총리가 되다 (창 41장)

〈애굽 총리가 된 후 110세에 죽음을 맞기까지〉

⓬ 총리로서 온 땅을 순찰하고 7년 풍년과 7년 흉년을 대비하다 (창 41:46~48)

⓭ 흉년 2년에 형들을 만나 선한 지혜로 변화시키다 (창 42~45장)

⓮ 야곱과 가족들을 애굽 고센 땅에 정착시키다 (창 46~49장)

⓯ 아버지의 장례를 성대하게 치르고 가나안 땅 헤브론에 장사하다 (창 50:7~13)

⓰ 110세에 애굽에서 죽어 장사되다 (창 50장)

⓱ 요셉의 유언대로 출애굽 시 모세가 그의 유해를 가져가다 (창 50:25 ; 출 13:19)

Part 3

애굽 총리 요셉, 하나님 언약의 통로

"아버지, 내 아버지.
나의 부족함을 채우시고 변화시키사
아버지의 가장 좋은 것으로 주시는
신실하신 아버지.

철없던 나를 깨뜨리시며 지혜를 주사
매 순간 이겨 가게 하시고
조용할 때와 말할 때를 알게 하시고
사람의 마음을 보게 하사
그 마음을 사게 하시며
아버지의 축복을 넘치도록 부으신
아버지, 내 아버지.

늘 내 곁에서 위로하시며 인내하게 하시어
오늘의 영광을 보게 하신
나의 아버지."

Part 1
히브리 소년 요셉, 애굽의 총리가 되다

Part 1

연단을 통해 하나님 앞에
합당한 그릇이 될 수 있습니다.
연단은 섬세하신 하나님의 손길입니다.

큰 그릇을 만들기 위한 연단은
죄의 담이나 악으로 인한 것이 아니므로
하나님께서 늘 함께하며 친히 간섭하십니다.

17세의 히브리 소년이 30세에
애굽 전역을 다스리는 총리가 될 수 있었던 것도
연단을 잘 받은 결과입니다.

Joseph

Chapter 1

내가 어찌 하나님께 득죄하리이까

애굽 시위대장 보디발 집에 팔려간 요셉

보디발의 신뢰를 받아 가정 총무가 되다

보디발 아내의 유혹을 끝까지 뿌리친 요셉

요셉에게 누명을 씌운 보디발의 아내

하나님 섭리 가운데 감옥에 갇힌 요셉

1. 애굽 시위대장 보디발 집에 팔려간 요셉

"요셉이 이끌려 애굽에 내려가매 바로의 신하 시위대장 애굽 사람 보디발이 그를 그리로 데려간 이스마엘 사람의 손에서 그를 사니라 여호와께서 요셉과 함께하시므로 그가 형통한 자가 되어 그 주인 애굽 사람의 집에 있으니 그 주인이 여호와께서 그와 함께하심을 보며 또 여호와께서 그의 범사에 형통케 하심을 보았더라"(39:1~3)

이스라엘의 조상 야곱에게는 네 명의 아내로부터 얻은 열두 명의 아들이 있었습니다. 야곱은 늘그막에 얻은 요셉을 특별히 더 사랑하고 아꼈습니다. 유독 채색옷을 입히며 늘 곁에 두고 하나님 말씀으로 가르쳐 나갔지요. 가장 사랑하는 아내 라헬로부터 얻은 아들인 데다 어려서부터 순종도 잘하고 선하며 총명했기 때문입니다.

요셉의 형들은 아버지가 자기들보다 요셉을 더 사랑하는 것을 보고 시기 질투하였습니다. 거기에다 요셉 자신도 형들에게 미움 받을 행동을 했습니다. 종종 형들의 잘못을 보고 아버지에게 알린 것입니다(창 37:2).

악한 마음으로 고자질하려고 했던 것이 아니라 형들의 과실을 아버지가 앎으로써 그들의 행동이 고쳐지기를 원했던 것이지요.

만일 요셉이 형들의 입장도 고려하여 '어떻게 하면 화평 가운데 깨우쳐 줄 수 있을까'를 생각했다면 더 선하고 지혜로운 방법이 나왔을 것입니다. 그런데 아직 그는 형들의 입장을 생각하기보다는 '내가 옳다.' 하는 자기 의가 앞섰습니다.

그러던 어느 날, 요셉은 예사롭지 않은 꿈을 두 차례나 꾸었습니다. 한 번은 밭에서 곡식을 묶는데 자신이 묶은 곡식 단에 형들의 곡식 단이 절하는 꿈이었고, 또 한 번은 해와 달과 열한 별이 그에게 절하는 꿈이었습니다(창 37:6~9).

이는 누가 들어도 장차 요셉이 존귀하게 되어 부모와 형제들까지 그를 높이게 되리라는 의미가 담겨 있었습니다. 하나님께서 주신 꿈이었지요. 하나님께서는 왜 이 같은 꿈을 꾸게 하셨을까요? 바로 요셉을 통해 하나님의 뜻을 펼치시겠다는 예표였습니다. 아브라함과 이삭, 야곱과 맺은 언약을 이루시기 위한 하나님의 섭리였습니다.

이후 요셉은 하나님의 섭리를 이루는 통로가 되기까지 애굽에 노예로 팔리고 누명을 쓴 채 감옥에 갇히는 등 많은 연단을 받아야 했습니다. 그때마다 그는 하나님께서 주신 꿈을 기억하며 감사로 이겨낼 수 있었습니다.

17세 소년이었던 요셉은 하나님이 주신 꿈을 아버지와 형들 앞에 자랑하듯 말했습니다. 이때 형들은 요셉의 말이 자신들을 무시하는 것처럼 들려 기분이 상했습니다. 당시 요셉에게는 들레는 마음도 있었고, 다른 사람의 입장까지 헤아리는 넓은 마음도 부족했지요. 그러니 성급히 꿈 자랑을 하여 형들에게 더 미움을 받게 되었습니다. 이처럼 앙금이 쌓이고 쌓여 마침내 요셉은 형들에 의해 미디안 상인들에게 노예로 팔리고 맙니다(창 37:28).

아버지의 각별한 사랑을 받으며 귀하게 자란 요셉은 하루아침에 노예 신세가 되었습니다. 하지만 이 과정은 요셉이 자기적인 의와 틀을 철저히 깨뜨리고 변화될 수 있도록 하나님께서 허락하신 축복의 연단이었습니다. 또한 하나님께서 원하시는 선의 차원으로 들어갈 수 있는 지름길이었지요.

상인들에게 팔린 요셉은 다시 애굽의 시위대장 보디발에게 팔려갑니다(창 37:36). 이때 요셉은 어떤 마음이었을까요? 절망하고 낙심하여 모든 것을 포기했을까요? '왜 나에게 이런 시련이 왔는가' 하며 원망 불평하는 마음이었을까요? 아니면 어떻게든 그 상황을 벗어나고자 안간힘을 썼을까요? 그렇지 않습니다.

그는 다가온 모든 상황을 잠잠히 받아들였습니다. 왜 이런 일이 일어났는지 돌아보며 자신의 부족함을 인정했습니다. 자신을 노예로 파는 형들을 보면서 '형들이 그동안 얼마나 나를 미워했으며, 왜 그렇게 미워하게 되었는지' 뼈속 깊이 느꼈습니다. '내가 형들의 허물을 전하고 꿈 자랑을 할 때 얼마나 마음이 상했을까? 내 편에서는 옳다 생각했지만 형들 입장에서는 많이 힘들었겠구나.' 이렇게 자신을 돌아보며 철저히 회개했지요.

요셉은 사람의 힘과 방법으로 해결될 수 있는 문제가 아님을 알았습니다. 그는 아버지 야곱이 어떻게 얍복 강 앞에서 자기 의가 깨어졌고, 큰아버지 에서와 화해할 수 있었는지 들어서 잘 알고 있었습니다. 이를 통해 모든 인생사가 하나님 손 안에 있음을 깊이 인식했기에 자신의 상황을 풀어주실 분도 오직 하나님뿐임을 알았습니다. 그래서 모든 것을 하나님의 손에 맡깁니다.

요셉이 모든 것을 하나님께 맡길 수 있었던 이유는 자신과 함께하며 지키시는 하나님을 믿었기 때문입니다. 그는 비록 자기 의가 남아 있었지만 늘 하나님 말씀을 청종했고 말씀대로 행하고자 노력하며 살아왔습니다. 그러니 지금은 비록 노예 신세라 해도 하나님께서 자신을 지키고 인도하실 것이라는 확신이 있었습니다. 모든 것을 하나님께 맡기니 평안할 수 있었지요.

하나님께서 요셉에게 연단을 허락하신 이유는 커다란 악이 있어서가 아닙니다. 그는 어렸을 때부터 아버지를 통해 하나님에 대해 배우고 들은 바를 명심하여 지켜 행했습니다. 그럼에도 하나님께서 연단을 허락하신 이유는 자기 의를 깨뜨리며 장차 하나님 섭리를 이루는 큰 그릇이 되도록 하기 위해서였습니다.

만일 죄의 담으로 인해 오는 보응이나, 마음에 큰 악이 있어서 빼내도록 허락하신 연단이라면 하나님께서 외면하십니다. 철저히 홀로 되어 연단을 받아야만 단단히 굳어진 악이 버려지고 변화될 수 있기 때문입니다. 자연히 연단의 과정도 힘들지요. 그러기에 악이 많은 사람은 연단 중에도 악을 발함으로 더 큰 고통과 어려움을 자초하기도 합니다. 그러나 요셉에게는 큰 악이 없었고, 연단 중에 악을 발하거나 불평하지도 않았습니다. 감사하며 겸비함으로 모든 것을 받아들였습니다. 변함없이 하나님을 경외하며 그 말씀대로 살므로 하나님께서 그와 함께하시며 연단 중에도 형통케 하셨습니다.

애굽에 팔려 온 요셉은 이내 보디발의 눈에 띄게 됩니다. 그가 성실하게 자신의 사명을 잘 감당하기도 했지만 주인의 눈에 띄기까지는 하나님의 간섭하심이 있었습니다. 보디발은 요셉을 발탁하여 자신의 곁에 있게 합니다. 이 또한 하나님께서 그의 마음을 주관하셨기 때문입니다. '요셉이 그 주인 애굽 사람의 집에 있으니' 말씀한 것은 그만큼 주인의 처소와 가까운 곳에 머물렀다는 뜻입니다.

일반적으로 주인과 하인들의 거처는 별도로 구분되는데, 요셉은 주인의 처소와 가장 가까운 곳에 기거할 만큼 신임을 받았습니다. 하나님의 사랑을 받으면 반드시 증거가 나타납니다. 주변 사람도 범사에 형통한 증거를 보므로 그 사람과 함께하시는 하나님에 대해 인정할 수밖에 없습니다. "그 주인이 여호와께서 그와 함께하심을 보며 또 여호와께서 그의 범사에 형통케 하심을 보았더라" 한 대로입니다.

그러면 하나님을 섬기지도 않고 알지도 못하는 애굽 사람 보디발이 어떻게 하나님께서 요셉과 함께하신다는 사실을 인정한 것일까요? 이 내용만 보더라도 평소 요셉이 주인에게 자신이 믿는 하나님, 전지전능하신 하나님에 대해 열심히 전했음을 알 수 있습니다.

그는 주인의 칭찬과 인정을 받을 때마다 영광을 하나님께 돌렸습니다. 자신의 언행은 하나님 말씀으로 가르침 받은 것이며, 범사에 형통한 것은 하나님의 도우심 때문이라고 전했습니다. 처음 보디발은 그 말을 흘려들었을 수도 있습니다. 하지만 요셉의 모든 일이 형통하니 그도 자연스럽게 하나님의 도우심을 인정하게 됩니다.

이때 하나님께서 범사에 형통케 하셨다 하여 요셉의 노력이 전혀 없었던 것은 아닙니다. 그는 맡겨진 일을 성실하게 해냈으며 늘 주인의 마음을 헤아려 섬기려고 노력했지요. 주인의 뜻에 맞추어 순종했고 결과 또한 보디발의 마음을 흡족게 했습니다.

2. 보디발의 신뢰를 받아 가정 총무가 되다

"요셉이 그 주인에게 은혜를 입어 섬기매 그가 요셉으로 가정 총무를 삼고 자기 소유를 다 그 손에 위임하니 그가 요셉에게 자기 집과 그 모든 소유물을 주관하게 한 때부터 여호와께서 요셉을 위하여 그 애굽 사람의 집에 복을 내리시므로 여호와의 복이 그의 집과 밭에 있는 모든 소유에 미친지라 주인이 그 소유를 다 요셉의 손에 위임하고 자기 식료 외에는 간섭하지 아니하였더라 요셉은 용모가 준수하고 아담하였더라"(39:4~6)

비록 노예 신분이라도 요셉은 불평치 않고 최선을 다해 주인을 섬겼습니다. '요셉이 그 주인에게 은혜를 입어 섬겼다' 했는데, 이는 마음 중심으로 주인을 섬겼음을 의미합니다. 요셉이 예전에 아버지 야곱 곁에서 사랑받으며 살던 때와 지금의 처지를 비교한다면 낙망할 수도, 서러울 수도 있습니다. 또 주어진 일을 힘들게 여기고 억지로 할 수도 있지요. 그러나 그는 그렇지 않았습니다. 자신을 거두어준 보디발에게 감사한 마음을 가졌고,

은혜를 입은 자의 마음으로 섬김의 도리를 다했습니다.

여기서 야곱과 요셉의 마음이 대비됩니다. 야곱은 에서의 장자의 축복을 가로채고 외삼촌 라반의 집으로 도망가 사는 동안 감사치 못했습니다. 번번이 자신을 속이고 품값을 바꾸는 외삼촌에 대해 좋은 감정을 갖지 못했지요. 하지만 그가 생각을 조금만 달리했다면 어땠을까요? 외삼촌은 갈 곳 없는 자신을 받아준 고마운 사람입니다. 뿐만 아니라 딸들을 아내로 주어 가정을 이룰 수 있도록 해 주었지요. 만일 야곱이 라반에 대해 감사의 마음을 잊지 않았다면 연단의 세월은 보다 일찍 끝났을 것입니다.

어떤 사람은 어려움을 당할 때 예전에 좋았던 시절과 비교하며 낙망하고 좌절합니다. 감사는커녕 현재 상황을 원망 불평하며 힘을 잃고 해야 할 일마저 놓아버립니다. 이는 자신의 그릇이 작고 마음의 선이 얼마큼 부족한지를 보여 줍니다.

반면에 선한 사람은 좋은 환경에 살다가 열악한 상황에 처한다 해도 불평하지 않습니다. 오히려 '예전에 내가 하나님 은혜로 그처럼 많은 것을 누리며 살았구나.' 하며 감사해합니다. 상대적으로 예전에 누리던 것에 대한 참된 가치를 깨닫게 되니 감사가 나오는 것입니다.

요셉은 선한 마음 가운데 현실을 받아들이고 예전에 자신이 누렸던 환경에 대해 깊이 감사했습니다. 또한 그는 처음 보디발의 집에 팔려왔을 때 가졌던 섬김의 마음과 행함이 세월이 흘러도 변하지 않았습니다.

일반적으로 사람들은 인정받기까지는 열심히 일하지만 인정을 받고 난 후에는 초심을 잃곤 합니다. 그러나 요셉은 변함없이 겸손했고 정직함과 성실함이 한결같았습니다. 그 결과 더욱 신임을 받아 주인의 모든 가정 사무와 재산을 관리하는 총무의 자리에까지 오릅니다.

요셉은 하나님의 역사로 보디발의 눈에 띄었지만, 보디발 편에서도 그의 정직과 성실함, 그리고 변함없는 모습을 보았던 것입니다. 당시 강대국 애굽 왕을 경호하는 시위대장 집의 가정 총무라면 적지 않은 권세가 있는 자리입니다. 비록 종의 신분이지만 요셉은 그 집에서 주인 다음가는 위치였습니다.

어떤 분야에서 인정받았다 해서 자신의 임무를 소홀히 하거나 눈가림으로 윗사람을 속여서는 안 됩니다. 위치가 높아질수록 더 많이 돌아보고 살펴야 하며, 많은 것을 책임져야 합니다. 혹 섬기던 위치에서 섬김 받는 위치가 되었다 해도 섬김 받는 것을 당연시 여겨서는 안 됩니다. 섬기던 분에 대한 은혜를 저버려서도 안 되지요(엡 6:5~8). 누구를 만나든지 진정 주님께 하듯 마음 다해 섬긴다면 어디를 가더라도 요셉처럼 인정과 사랑을 받을 수 있습니다(골 3:22~23).

보디발이 요셉에게 모든 것을 위임한 때부터 하나님께서는 그 집에 복을 내리셨습니다. 그가 하나님을 섬기고 경외하는 사람이 아니었음에도 축복이 임한 것입니다. 그렇다면 보디발은 단지 요셉을 잘 만나서 축복을 받은 것일까요?

여기에는 하나님의 정확한 공의가 있습니다. 보디발은 요셉의 형통함을 보면서 그와 함께하시는 하나님을 인정하고, 자신이 받는 축복이 요셉과 함께하시는 하나님으로부터 온 것임을 알았습니다. 이 점이 하나님께 선으로 인정되었습니다.

만약 보디발이 요셉과 함께하시는 하나님을 인정하지 않고, 축복이 하나님께로 말미암았다는 사실을 인정하지 않았다면 어떻게 되었을까요? 하나님께서 그의 집과 소유에 축복을 주실 수가 없습니다. 단지 요셉을 축복하시는 데 그쳤겠지요.

예를 들어, 한 가정에 하나님을 지극히 사랑하고 사랑받는 사람이 있을 때 그로 인해 축복이 가정 전체에 임할 수도 있지만 개인에게만 국한될 수도 있습니다. 가족들도 축복받을 만한 그릇이 되어 있다면 함께 복을 받지만 그렇지 않다면 하나님의 사랑받는 개인에게만 축복이 임한다는 것입니다.

보디발은 소유를 다 요셉의 손에 위임하고 자기 식료 외에는 간섭조차 하지 않을 정도로 그를 신뢰했습니다. 이 사실만으로도 하나님께서 얼마나 요셉을 보장하시고 함께하는 증거가 나타났는지 잘 알 수 있습니다. 애굽 시위대장으로서 보디발의 소유는 결코 적지 않았을 것입니다. 그가 조금이라도 요셉을 신뢰하지 못했다면 이것저것 간섭했겠지요. 그런데 전혀 간섭지 않아도 될 만큼 요셉으로 인해 축복을 받아갔던 것입니다.

요셉은 연단을 통해 자신이 철저히 깨어졌기에 예전처럼 자기를 주장하거나 내세우려는 모습이 없었습니다. 큰 직책을 맡았다 하여 들레거나 마음이 높아지지도 않았습니다. 변함없는 마음으로 주인을 섬기며 그 뜻에 맞추어 순종했습니다. 보디발의 입장에서 보면 얼마나 든든하고 믿음직스러웠겠습니까?

이러한 요셉으로 인해 주인은 물론 집안의 모든 사람이 축복을 함께 누릴 수 있었습니다. 요셉은 노예라는 가장 낮은 자리에서 연단을 받으며 예전에 들레기 좋아하고 자기 의로움을 내세우던 모습을 신속히 버려 나갔습니다. 동시에 장차 애굽이라는 큰 나라의 총리로서의 자질을 갖추어 나갈 수 있었습니다.

시위대장의 가정 총무로서 애굽의 큰 살림을 꿰뚫고 경영할 수 있는 능력과 안목을 키울 수 있었던 것입니다. 또한 다양한 일과 사람을 겪어 봄으로써 사람을 분별하는 능력과 다스리는 방법을 터득해 나갔습니다. 상대의 마음과 생각을 꿰뚫어 보며 상황에 따라 어떻게 처신해야 하는지 능력을 삼아 나갔던 것입니다.

3. 보디발 아내의 유혹을 끝까지 뿌리친 요셉

"그 후에 그 주인의 처가 요셉에게 눈짓하다가 동침하기를 청하니 요셉이 거절하며 자기 주인의 처에게 이르되 나의 주인이 가중 제반 소유를 간섭지 아니하고 다 내 손에 위임하였으니 이 집에는 나보다 큰 이가 없으며 주인이 아무것도 내게 금하지 아니하였어도 금한 것은 당신뿐이니 당신은 자기 아내임이라 그런즉 내가 어찌 이 큰 악을 행하여 하나님께 득죄하리이까 여인이 날마다 요셉에게 청하였으나 요셉이 듣지 아니하여 동침하지 아니할뿐더러 함께 있지도 아니하니라"(39:7~10)

요셉이 보디발의 집에서 배우고 익혀야 할 바를 터득하자, 하나님께서는 그를 다음 단계로 이끄십니다. 이제 애굽의 총리로서 필요한 실질적이고 구체적인 지식을 배우고 체험하게 하시려는 것이었습니다. 이때 상식적으로라면 요셉을 왕궁으로 들여 정치 세계 중신으로 뛰어들게 해야

겠지요. 그러나 종의 신분에서 하루아침에 애굽 왕의 신하가 되어 왕궁에 들어간다는 것은 공의에 맞지 않습니다. 하나님께서는 공의와 질서를 어그러뜨리는 분이 아닙니다.

예를 들어, 어떤 어린아이가 믿음을 가지고 "대통령이 되게 해 주세요." 기도한다 해서 당장에 그 아이를 대통령의 자리에 앉힐 수는 없습니다. 아이가 진실한 믿음으로 기도했다면 하나님께서는 그가 대통령이 되기 위해 필요한 것들을 배우고 익힐 수 있게 단계 단계를 밟도록 인도해 가십니다. 이런 과정을 통해 그만한 능력과 자질을 갖추었을 때 비로소 기도에 응답해 주십니다.

마찬가지로 하나님께서는 요셉을 단번에 애굽의 총리로 세우신 것이 아니라 필요한 과정을 밟게 하셨습니다. 그 과정이 사람 편에서 볼 때는 불통의 연속 같아도 하나님의 계획 안에서는 가장 빠른 길이었습니다. 그 길을 여는 도구로 쓰인 사람이 바로 보디발의 아내입니다.

하나님께서 그녀의 마음을 그렇게 주관하셨다는 뜻은 결코 아닙니다. 출애굽 당시 애굽 왕 바로가 자신의 악으로 인해 모세를 대적하는 도구로 쓰인 것처럼 보디발의 아내도 자기 정욕을 좇아 요셉을 미혹하는 도구로 쓰인 것입니다. 스스로 악한 도구가 된 것이지요.

요셉은 용모가 준수하고 아담했습니다. 보디발의 아내는 그의 외모에 이끌려 유혹하기에 이릅니다. 그에게 눈짓하다가 마침내 동침하자고 청합니다. 그는 단호히 "내가 어찌 이 큰 악을 행하여 하나님께 득죄하리이까" 하며 거절했습니다.

하지만 그녀는 포기하지 않고 날마다 유혹을 해옵니다. 요셉은 하나님을 경외하기에 죄를 지을 마음이 전혀 없었습니다. 게다가 그는 주인 보디발로부터 큰 은혜를 입었습니다. 주인은 자신을 믿고 신뢰하여 가정 총무의 자리까지 주었습니다.

만일 그가 주인의 아내와 동침한다면 은혜를 저버리는 배신행위입니다. 요셉은 도의적으로도 이러한 악을 결코 행할 수 없었기에 주인 아내의 유혹을 뿌리칠 뿐 아니라 함께 있지도 않았습니다. 오해될 만한 상황은 아예 만들지 않을 만큼 조금의 여지도 주지 않았지요.

범죄할 마음이 없다면 이러한 행함이 나옵니다. 어떤 사람은 불의한 유혹 앞에 입으로는 "안 된다." 말하면서도 속으로는 은근히 유혹해 주기를 바라며 피할 수 있는 상황에서도 피하지 않습니다. 그렇게 해서 범죄한 후에는 상대를 탓하거나 "어쩔 수 없는 상황이었다."며 변명합니다.

하나님께서는 각 사람의 마음을 감찰하며 중심을 보십니다. 그러므로 이런저런 상황을 핑계 대거나 상대 탓을 할 것이 아니라 자신의 마음이 어떠한지가 중요합니다. 정녕 범죄할 마음이 없다면 어떤 상황이 와도 하나님께서 피할 길을 주십니다.

요셉이 계속 거절하는 상황에서도 보디발의 아내는 수그러들기는커녕 더욱 집요하게 유혹합니다. 마음에 선이 조금이라도 있다면 끈질긴 유혹에도 자신을 지키는 요셉의 모습에 부끄러워서라도 잘못을 뉘우쳤을 것입니다. 그런데 그녀는 정욕에 불타올라 더 큰 악의 모습으로 나왔습니다.

4. 요셉에게 누명을 씌운 보디발의 아내

"그러할 때에 요셉이 시무하러 그 집에 들어갔더니 그 집 사람은 하나도 거기 없었더라 그 여인이 그 옷을 잡고 가로되 나와 동침하자 요셉이 자기 옷을 그 손에 버리고 도망하여 나가매 그가 요셉이 그 옷을 자기 손에 버려두고 도망하여 나감을 보고 집 사람들을 불러서 그들에게 이르되 보라 주인이 히브리 사람을 우리에게 데려다가 우리를 희롱하게 하도다 그가 나를 겁간코자 내게로 들어오기로 내가 크게 소리 질렀더니 그가 나의 소리 질러 부름을 듣고 그 옷을 내게 버려두고 도망하여 나갔느니라 하고 그 옷을 곁에 두고 자기 주인이 집으로 돌아오기를 기다려 이 말로 그에게 고하여 가로되 당신이 우리에게 데려온 히브리 종이 나를 희롱코자 내게로 들어왔기로 내가 소리 질러 불렀더니 그가 그 옷을 내게 버려두고 도망하여 나갔나이다"(39:11~18)

하루는 요셉이 주인의 집에 사무를 보러 들어갔는데 마침 집 안에 사람이 하나도 없었습니다. 하나님께서 이러한 환경을 허락하신 것은 그가 어떤 경우에도 악을 행하지 않을 것을 아셨기 때문입니다. 또한 합력하여 선을 이루어 애굽 총리가 되는 길로 이끄시기 위함이지요.

그날 보디발의 아내는 요셉의 옷까지 붙잡으며 동침을 요구합니다. 아무도 없으니 그녀의 입장에서는 절호의 기회였습니다. 당시 요셉의 마음은 어떠했을까요? '집에 아무도 없겠다, 이렇게까지 매달리니 한 번만 원하는 대로 해 줄까? 이런 상황에서 어떻게 거절하겠는가.' 하는 마음이었을까요?

요셉에게는 추호도 그런 마음이 없었습니다. 여인이 잡고 놓아주지 않자 옷을 벗어버린 채 도망쳐 나왔지요. 그가 이렇게까지 했을 때 안주인으로부터 어떤 불이익을 당할지 짐작할 수 있었을 것입니다. 그러나 마음에 죄성이 없으면 어떤 상황에서도 죄와 타협하지 않습니다. 아무리 부귀영화와 큰 권세를 준다 해도 범죄하지 않습니다.

보디발의 아내는 요셉이 너무나 괘씸했습니다. 그녀는 이내 돌변해 집 사람들을 불러 거짓말로 요셉을 모함합니다. 히브리 노예인 그가 자신을 겁간하려고 들어오기에 크게 소리 질렀더니 옷을 버려두고 도망했다는 것입니다. 이를 증명이라도 하듯 여인의 손에 요셉의 옷이 들려 있으니 그는 영락없이 파렴치범으로 몰리게 되었습니다.

집에 돌아온 보디발은 아내로부터 충격적인 이야기를 듣습니다. 요셉이 아무도 없을 때 자신을 겁간하려 했다는 것입니다. 게다가 아내의 손에는 요셉이 버리고 갔다는 옷까지 들려 있었습니다.

만약 보디발의 아내에게 선한 마음이 조금이라도 있었다면 민망해서라도 어떻게든 일을 조용히 마무리하고자 했을 것입니다. 그런데 그녀는 자신의 정욕을 채우지 못하자 오히려 앙심을 품고 요셉에게 누명을 씌운 것입니다.

요셉에게 악한 마음이 있다면 당장에 사실을 밝혀 여인의 허물을 드러낼 수도 있습니다. 그러나 그는 주인을 생각하여 여인을 지켜 주었고 스스로 잘못을 깨닫고 물러나기를 기다려 주었습니다. 그런 요셉에게 여인은 누명을 씌워서 죄인으로 몰아간 것입니다.

5. 하나님 섭리 가운데 감옥에 갇힌 요셉

"주인이 그 아내가 자기에게 고하기를 당신의 종이 내게 이같이 행하였다 하는 말을 듣고 심히 노한지라 이에 요셉의 주인이 그를 잡아 옥에 넣으니 그 옥은 왕의 죄수를 가두는 곳이었더라 요셉이 옥에 갇혔으나 여호와께서 요셉과 함께하시고 그에게 인자를 더하사 전옥에게 은혜를 받게 하시매 전옥이 옥중 죄수를 다 요셉의 손에 맡기므로 그 제반 사무를 요셉이 처리하고 전옥은 그의 손에 맡긴 것을 무엇이든지 돌아보지 아니하였으니 이는 여호와께서 요셉과 함께하심이라 여호와께서 그의 범사에 형통케 하셨더라"(39:19~23)

아내의 말을 들은 보디발은 매우 화가 났습니다. 앞뒤 상황을 살피거나 요셉의 말은 들어보지도 않은 채 그를 왕의 죄수를 가두는 감옥에 가두고 말았습니다. 너무나 믿고 사랑하여 큰 은혜를 베풀어 준 요셉에게 배신당했다고 생각하니 분노가 클 수밖에 없었습니다. 그러기에 일반 죄수들을 가두는 감옥이 아니라 반역죄나 왕을 거스른 중죄인들이 갇히는 감옥에 넣은 것입니다.

이와 같이 육적인 사랑과 선은 상대에게 준 만큼 받기 원하기 때문에 자신이 생각한 것처럼 상대가 해주지 않으면 좋았던 감정이 순식간에 변할 수 있습니다. 오히려 더 큰 미움으로 변하기도 하지요. 보디발은 나름대로 선한 사람이지만 그것은 어디까지나 육적인 선이었던 것입니다.

실로 엄청난 봉변을 당하고도 요셉은 자신의 억울함을 호소하지 않았습니다. 비록 사람들의 눈에는 주인의 은혜를 원수로 갚은 파렴치한으로 보이겠지만 그는 모든 것을 아시는 하나님을 믿었기에 상대의 허물을 드러내어 해명하거나, 안주인에게 따지려 하지도 않았습니다. 오직 모든 것을 하나님 손에 맡겨 드리고 연단을 허락하신 하나님의 선하신 뜻을 찾고자 했습니다.

요셉은 노예로 팔려가고 누명을 쓴 채 감옥에 가는 과정을 거치면서 오래 참음을 이뤘고 모든 것을 선으로 바라보며 감사로 받을 수 있는 그릇으로 변화되어 갔습니다.

보디발의 가정 총무로서 안정된 삶을 살던 요셉이 누명을 쓰고 옥에 갇힌 사건은 육으로 볼 때는 엄청난 시련이었습니다. 그동안 쌓아온 모든 수고와 노력이 일시에 무너져 내린 듯한 절망적인 상황입니다. 하지만 이는 애굽의 총리로서 필요한 자질과 능력을 갖추게 하는 최단기 속성 과정이었습니다. 장차 왕과 직접 연결될 수 있는 가장 빠른 길이었지요.

하나님께서 이러한 방법으로 요셉을 연단하실 수 있었던 것은 그를 믿으셨기 때문입니다. 일반적으로 사람들은 환경의 영향을 받습니다. 어떤 부모에게서 태어나느냐도 중요하지만 어떤 환경에서 자라고 교육받느냐도 중요합니다. 그런데 만약 요셉이 감옥에서 좋지 않은 영향을 받을 사람이라면 하나님께서 그런 방법으로 연단하지 않으셨을 것입니다.

요셉은 감옥에서 권모술수와 궤계, 거짓과 이간질 등 수많은 비진리를 보고 듣고 접했지만 결코 물들지 않았습니다. 오히려 세상에 대한 안목과 사람에 대한 분별 능력을 키우는 시간이 되었지요. 이미 요셉은 연단을 통해 마음의 악을 버렸기에 육신의 정욕, 안목의 정욕, 이생의 자랑이 틈탈 수 없었습니다.

누구든지 마음을 진리로 일구면 설령 비진리의 환경에 놓인다 해도 물들지 않습니다. 요셉은 하나님 보시기에 바른 신앙을 가졌습니다. 보는 눈이 없다 해도 결코 하나님 앞에 죄를 범치 않았고, 좋은 환경만이 아니라 어떤 열악한 상황에서도 항상 감사했습니다. 이처럼 그가 빛 가운데 거했기에 하나님께서도 그와 함께하시며 인자를 더해 주셨습니다.

잠언 16장 7절에 "사람의 행위가 여호와를 기쁘시게 하면 그 사람의 원수라도 그로 더불어 화목하게 하시느니라" 말씀한 대로 요셉이 하나님을 기쁘시게 하니 하나님께서는 그가 전옥에게도 은혜를 입도록 역사하십니다. 전옥은 오늘날로 말하면 교도소장이라 할 수 있습니다.

어려서부터 하나님 말씀과 교훈으로 가르침 받은 요셉은 모든 행실이 반듯했습니다. 보디발의 집에서 쌓은 많은 경험까지 더해지면서 말 한마디, 사람을 대하는 마음씀까지도 사랑받을 만한 모습이 되었습니다. 일 처리가 꼼꼼하고 섬세했으며, 하나를 가르치면 그 이상을 깨달을 만큼 지혜로웠지요. 그러니 전옥은 그의 손에 옥중 죄수를 다 맡겨 제반 사무를 처리하게 했고 그에게 맡긴 것은 무엇이든지 돌아보지 않았습니다.

요셉은 애굽에 팔리는 과정을 통해 왜 자신이 형들에게 미움 받을 수밖에 없었는지 뼈저리게 느꼈습니다. 그러기에 인정받고 높아질수록 더욱 섬기고 낮아지는 사람이 되고자 했습니다. 겉으로만 섬기는 척한 것이 아니라 마음 중심에서 자신을 낮추고 상대를 섬겼습니다. 윗사람만이 아니라 동료나 아랫사람들도 동일하게 섬겼기에 어디를 가든 사랑과 존경의 대상이 될 수 있었습니다.

애굽 사람들에게 요셉은 자국민이 아닙니다. 더구나 노예로 팔려 온 사람이 주인의 사랑과 인정을 받아 가정 총무가 되었다면 기존 사람들에게 위협적인 존재로 느껴질 수 있습니다. 하지만 요셉은 시기 질투가 아닌 사랑을 받았으며 그것은 감옥에 들어가서도 마찬가지였습니다.

만약 그에게 조금이라도 잘난 척하는 모습이나 허물이 있었다면 죄수들은 그의 말을 듣지 않았을 것입니다. 같은 죄수의 입장에서 자신들을 관리한다는 것에 못마땅해할 수도 있었겠지요. 하지만 요셉은 모두를 섬기는 사람이었기에 그들에게 사랑과 인정을 받고 화평할 수 있었습니다.

하나님께서 연단을 허락하신 데에는 분명히 이유가 있습니다. 그 이유를 깨달아 하나님의 원하시는 모습으로 변화될 때 연단이 끝나고 하나님께서 위로와 축복으로 갚아 주십니다.

요셉은 그 과정이 매우 빨랐습니다. 왜 자신에게 이런 연단이 허락되었는지 돌아보며 자기가 옳다 하는 의와 틀을 신속히 깨뜨렸습니다. 상대의 입장과 마음까지 살필 수 있는 크고 온유한 사람이 되었지요. 그랬기에 보디발의 집이나 감옥에서도 그의 손에 맡긴 것은 무엇이든 돌아볼 필요가 없었던 것입니다.

머리 된 입장에서 일을 이루어가다 보면 힘으로만 조직을 이끄는 데는 한계가 있음을 깨닫게 됩니다. 다양한 사람들과 함께하며 예기치 않게 발생하는 상황 속에서 모든 일을 순탄하게 이루어가기 위해서는 상대의 입장과 마음을 헤아리고 살피는 선의 지혜와 덕, 그리고 많은 인내가 필요하지요. 요셉은 짧은 기간 동안 이러한 것들을 갖추어 나갔습니다.

동시에 그는 왕의 죄수를 가두는 감옥 안에서 궁중의 예법과 규율, 국법과 국정 운영 등에 관한 폭넓은 식견과 능력까지 키워 나갈 수 있었습니다. 연단 과정을 통해 하나님께서 원하시는 그릇으로 영육 간에 하나하나 준비되어 갔습니다.

아브라함의 하나님, 이삭의 하나님, 야곱의 하나님

요셉의 증조할아버지이며 믿음의 조상이라 불리는 아브라함은 100세에 이삭을 낳고 175세까지 살았다(창 25:7~8). 이삭은 60세에 야곱을 낳았으며 180세까지 살았다(창 35:28~29).

17세에 애굽에 팔려간 요셉은 30세에 애굽의 총리가 되었고, 7년 풍년을 지나 흉년이 2년째 접어들었을 때 형제들을 만나게 된다. 따라서 야곱이 22년 만에 요셉을 재회할 당시 요셉의 나이는 39세, 야곱의 나이는 130세이었다(창 41:46, 45:6, 47:9). 이후 야곱은 애굽에서 17년간 더 살다가 147세에 소천하였다(창 47:28).

야곱과 이삭의 나이 차가 60세임을 미루어 보아(창 25:26) 17세 소년 요셉이 짐승에게 찢겨 죽었다는 거짓 소식이 가족들에게 전해졌을 때, 이삭도 아직 생존해 있었음을 알 수 있다.

아버지 야곱과 할아버지 이삭이 비통에 잠겨 있을 그때, 요셉은 애굽이라는 낯선 땅에 홀로 떨어져 있었다. 그는 거듭되는 연단 속에서도 좌절하지 않았다. 하나님이 그에게 주신 꿈과 더불어 믿음의 조상들을 통해 전해 들은 하나님에 대한 지식이 그의 삶을 지탱하는 버팀목이 되어 준 것이다. 그는 아브라함과 이삭, 야곱을 통해 놀라운 섭리를 이루셨던 하나님에 대해 익히 들어 알고 있었다. 그러기에 연단의 시간을 보내는 동안 자신의 삶에도 분명 하나님의 선하신 뜻이 있을 것이라는 굳건한 믿음을 놓지 않았다.

증조할아버지 아브라함과 함께하신 하나님

창세기 12장을 보면 하나님께서 75세 된 아브람(아브라함)에게 "본토 친척 아비 집을 떠나 내가 네게 지시할 땅으로 가라 내가 너로 큰 민족을 이루고 네게 복을 주어 네 이름을 창대케 하리니 너는 복의 근원이 될지라 …" 말씀하신다. 이는 사랑의 하나님께서 당시 우상 숭배에 물들어가는 주변 환경으로부터 아브람을 보호하시기 위함이었다. 동시에 그를 믿음의 조상으로 세우시기 위한 섭리이기도 했다.

그는 신실하신 하나님을 믿었기에 자신의 생각을 전혀 동원하지 않고 즉시 순종하였다. 그리하여 99세에 아브라함(열국의 아비라는 뜻)이 되었고, 자녀를 잉태하기 불가능한 100세에 이삭을 낳았으며, 독자 이삭을 번제로 드리라는 믿음의 시험을 멋지게 통과하였다. 그 결과 복의 근원이 되었으며, 믿음의 조상, 하나님의 벗이라 칭함 받을 수 있었다.

이처럼 증조할아버지 아브라함의 삶을 이끄신 하나님에 대해 요셉은 수없이 듣고 마음에 새기고 있었기에 애굽에 노예로 팔려가는 등 막막한 상황에서도 증조할아버지의 경험을 떠올리며 믿음으로 승리하였다.

할아버지 이삭과 함께하신 하나님

이삭은 목축업을 했기에 계절에 따라 그랄 골짜기로 이동하여 그곳에서 아브라함이 팠던 여러 우물을 복구해 사용했다. 그 과정에서 그랄의 목자들이 나타나 우물의 소유권을 주장하는 바람에 이삭은 여러 차례 양보를 해야 했다(창 26:17~22).

이때 이삭이 그랄의 목자들을 상대로 따지거나 다투지 않고 양보할 수 있었던 것은 바로 아버지 아브라함의 신앙적 영향 때문이다. 창세기 13장에 기록된 대로 "네가 좌하면 나는 우하고 네가 우하면 나는 좌하리라" 했던 아브라함의 모습을 본받아 그대로 실천한 것이다.

연단을 선으로 통과한 이삭은 주변 사람들과 화친할 수 있었고, 하나님께 자손 번영이라는 축복의 말씀을 받을 수 있었다(창 26:23~25). 요셉은 할아버지 이삭에게 역사하신 축복의 하나님에 대해서도 수없이 들었다. 그래서 누명을 쓰고 감옥에 갇히는 등 억울한 상황에서도 오직 선으로 행할 때 하나님께서 친히 축복의 길로 인도하실 것을 믿고 자신의 삶에 적용한 것이다.

아버지 야곱과 함께하신 하나님

야곱은 형 에서와 아버지 이삭을 속이고 장자권을 얻었지만 이 일로 자신을 죽이려는 형을 피해 20년 동안이나 타향살이를 해야 했다. 때가 되어 하나님의 지시에 따라 가족을 이끌고 고향으로 향하지만 그 길에는 자신을 죽이려고 벼르는 형 에서가 400명을 거느리고 오고 있었다.

결국 야곱은 자신의 지혜와 방법으로는 할 수 없음을 철저히 깨닫고 얍복강 앞에서 환도뼈가 위골되기까지 하나님께 매달린다. 결국 하나님의 역사로 형 에서와 극적인 화해를 할 수 있었다. 이때 요셉은 비록 어린 나이였지만 아버지 야곱과 큰아버지 에서가 화해하는 장면을 직접 지켜보았다.

요셉은 성장하면서 이 과정에 대해 아버지 야곱으로부터 자세히 들을 수 있었고, 이를 통해 모든 것이 하나님의 손 안에 있음을 깨닫게 되었다. 그러니 의지할 사람 하나 없는 타국에서도 요셉은 아버지, 할아버지, 증조할아버지의 인생 여정을 떠올리며 그 속에 역사하신 하나님을 더욱 의뢰하게 되었다.

야곱과 이삭과 아브라함이 오직 하나님만 의뢰함으로 놀라운 반전의 역사를 이룬 것을 떠올리며 요셉은 이 영적인 지식을 자신의 삶에 적용해 나갔다. 두 차례의 꿈을 통해 소망을 주신 하나님께서 앞으로 자신의 길을 어떻게 인도해 가실지 기대하며 하루하루 최선을 다했던 것이다.

Joseph

Chapter 2

두 관원장의 꿈을 해석하다

감옥에서 애굽 왕의 두 관원장을 섬긴 요셉

꿈을 꾸고 근심하는 두 관원장

두 관원장의 꿈을 해석한 요셉

요셉의 부탁을 잊어버린 술 맡은 관원장

1. 감옥에서 애굽 왕의 두 관원장을 섬긴 요셉

"그 후에 애굽 왕의 술 맡은 자와 떡 굽는 자가 그 주 애굽 왕에게 범죄한지라 바로가 그 두 관원장 곧 술 맡은 관원장과 떡 굽는 관원장에게 노하여 그들을 시위대장의 집 안에 있는 옥에 가두니 곧 요셉의 갇힌 곳이라 시위대장이 요셉으로 그들에게 수종하게 하매 요셉이 그들을 섬겼더라 그들이 갇힌 지 수일이라"(40:1~4)

고대 애굽(이집트)에서 바로(파라오)는 신의 대리자 내지는 반신으로 받들어 모실 만큼 백성들에게 절대적인 존재였습니다. 바로의 말이 곧 법이었지요. 그런데 어느 날 술 맡은 관원장과 떡 굽는 관원장이 왕에게 진노를 사는 사건이 발생합니다. 그들은 시위대장 보디발의 집 안에 있는 감옥에 갇히는데 그곳에는 이미 요셉이 갇혀 있었습니다.

이는 결코 우연이 아닙니다. 두 관원장이 언제쯤 왕의 심기를 거스려 감옥에 들어갈지를 아신 하나님께서 정확히 때를 맞추어 역사하신 일입니다. 하나님의 섭리 가운데 요셉과 두 관원장은 꼭 만나야 했기 때문입니다.

그렇다 해서 두 관원장이 아무 죄가 없는데도 감옥에 들어가게 하신 것은 아닙니다. 두 사람 모두 감옥에 들어갈 만한 일이 있었습니다. 다만 그들이 감옥에 들어가는 시기와 요셉이 감옥에 들어가 있었던 시점이 하나님 섭리 안에서 정확히 맞아 떨어졌을 뿐입니다.

하나님께서는 공의에 따라 역사하시면서 모든 상황을 때와 흐름에 맞추어 정확히 주관해 가셨습니다. 이처럼 하나님께서 마음에 품으신 것은 공의에 어긋나지 않으면서도 한 치 오차도 없이 역사됩니다.

보디발은 요셉에게 두 관원장을 시중들게 합니다. 요셉이 어떤 사람인지 누구보다 잘 알고 있었기에 왕의 관원장을 섬기는 중요한 사명을 맡긴 것입니다. 그는 전에 요셉이 얼마나 성실하고 마음과 뜻을 다해 자신을 섬겼는지 겪어 보았습니다. 또한 지혜롭고 총명하며 윗사람의 마음까지 헤아려 섬기는 모습을 보았지요.

처음에는 아내의 말만 듣고 노하여 앞뒤 상황도 살피지 않고 요셉을 깊은 감옥에 넣었지만, 시간이 지나면서 그에 대한 좋은 감정들이 하나둘 되살아나고 있었습니다. 요셉처럼 중심으로 섬기는 사람을 찾을 수 없었기 때문입니다.

그러던 차에 자신이 감독하는 감옥에 왕의 측근에 있던 관원장들이 들어왔습니다. 보디발의 입장에서는 이들을 결코 소홀히 대할 수 없습니다. 정치 세계에서는 어느 순간 권력을 다 잃은 듯 싶다가도 한순간에 다시 회복되는 경우들이 더러 있기에 두 관원장 역시 언제 복직하게 될지 모르는 일입니다.

보디발은 그들에게 그만한 예우를 다해 섬길 수 있는 적절한 사람을 찾았는데, 그가 바로 요셉이었습니다. 아직 요셉에 대해 개인적인 감정이 남아 있을 수는 있지만 이처럼 중요한 일을 믿고 맡길 수 있는 사람은 그래도 요셉밖에 없었던 것입니다. 이를 통해 보디발이 공과 사를 구분할 줄 아는 사람이라는 것과, 요셉이 얼마나 주인에게 인정받았는지를 다시 한 번 알 수 있습니다.

물론 보디발의 마음을 주관하여 요셉에게 두 관원장을 섬기도록 한 분은 하나님이십니다. 그러나 억지로 그의 마음을 움직인 것이 아니라 그 안에 있는 좋은 마음을 주관하여 역사해 가셨던 것입니다. 하나님은 악한 사람을 억지로 주관하여 선한 일을 하도록 하신다거나, 반대로 선한 사람을 강제로 주관하여 악한 일을 하게 하시는 분이 아닙니다.

2. 꿈을 꾸고 근심하는 두 관원장

"옥에 갇힌 애굽 왕의 술 맡은 자와 떡 굽는 자 두 사람이 하룻밤에 꿈을 꾸니 각기 몽조가 다르더라 아침에 요셉이 들어가 보니 그들에게 근심 빛이 있는지라 요셉이 그 주인의 집에 자기와 함께 갇힌 바로의 관원장에게 묻되 당신들이 오늘 어찌하여 근심 빛이 있나이까 그들이 그에게 이르되 우리가 꿈을 꾸었으나 이를 해석할 자가 없도다 요셉이 그들에게 이르되 해석은 하나님께 있지 아니하니이까 청컨대 내게 고하소서"(40:5~8)

며칠 후, 하나님께서 술 맡은 관원장과 떡 굽는 관원장에게 각기 다른 몽조의 꿈을 꾸게 하십니다. 앞으로 그들의 운명이 어떻게 될지를 보여 주는 꿈이었습니다. 물론 하나님께서 임의로 누구에게는 길몽을, 누구에게는 흉몽을 꾸게 하시는 것은 아닙니다. 비록 지금은 두 사람이 똑같이 왕에게 노여움을 사서 감옥에 있지만 누가 선하게 살고 악하게 살았는지 하나님은 정확히 아십니다. 또 왕이 누구는 복직시키고 누구는 죽일 마음인지를 다 아시므로 각자에게 맞는 꿈으로 역사하신 것입니다.

아침에 요셉이 보니 두 관원장의 얼굴에 근심이 서려 있었습니다. 요셉은 어찌하여 근심하는지 묻습니다. 그는 윗사람을 대할 때 형식적인 섬김이 아니라 마음과 정성을 다해 섬겼습니다. '혹여 불편한 것은 없는지, 필요한 것은 없는지' 그들의 얼굴빛까지도 늘 살폈던 것입니다. 윗사람의 눈치를 보려는 의도가 아니라 '어찌하면 더 편케 할까?' 하는 마음이었습니다.

두 관원장도 마음과 정성을 다한 요셉의 섬김을 느꼈기에 그에게 선뜻 꿈 내용을 말해 줄 수 있었습니다. 만약 그들과 요셉의 관계가 신뢰할 수 없는 사이라면 그들이 마음에 있는 말을 편히 할 수는 없었을 것입니다. 비록 짧은 기간이었지만 그들은 이미 서로의 마음을 터놓을 수 있는 관계가 되었습니다. 이는 요셉이 그만큼 두 관원장으로부터 신뢰와 인정을 받도록 행했다는 말입니다.

이처럼 요셉은 어디를 가든지, 누구를 만나든지 항상 인정과 사랑을 받았습니다. 이것이 곧 그리스도의 향기를 발하는 사람의 모습입니다. 두 관원장이 요셉을 신뢰하지 못했다면 꿈 내용을 말해 달라 했을 때 "네가 어찌 풀 수 있느냐."며 무시할 수도 있었을 것입니다. 그러나 그들은 꿈 내용을 순순히 말해 줍니다.

이때 요셉은 자기 임의대로 꿈을 해석하지 않았습니다. 두 관원장이 자신들의 꿈을 해석할 자가 없다고 고민을 토로할 때 "해석은 하나님께 있지 아니하니이까?"라고 합니다. 자신의 능력으로 해석할 수 있다고 말한 것이 아니라 하나님께서는 전지전능하시니 어떤 꿈이든지 풀어 주실 수 있다고 겸손히 말한 것입니다. 결국 그는 하나님께서 주신 지혜와 영감으로 꿈을 해석해 줍니다.

우리가 어떤 꿈을 꾸거나 다른 사람의 꿈에 대해 들을 때, 그것을 자신의 생각과 느낌으로 풀면 전혀 엉뚱한 결과를 낳을 수 있으므로 주의해야 합니다. 자기 보기에 좋을 대로 풀어서도, 어떤 의도를 가지고 해석해서도 안 되지요. 또한 자신의 해석이 한두 번 맞았다 해서 자만해서는 안 됩니다. 하나님께서 주신 꿈인지 혹은 생각 속에서 꾼 꿈인지, 사단이 준 꿈인지 분별하되, 하나님께서 주신 꿈이라면 성령의 역사 가운데 정확히 해석할 수 있어야 합니다.

고린도전서 2장 13절에 "우리가 이것을 말하거니와 사람의 지혜의 가르친 말로 아니하고 오직 성령의 가르치신 것으로 하니 신령한 일은 신령한 것으로 분별하느니라" 말씀하신 대로입니다. 환상이나 꿈의 영적인 의미가 정확히 풀릴 때는 마음이 시원하고 기쁨이 옵니다. 하나님 말씀을 풀 때도 마찬가지입니다. 성령의 감동함 가운데 하나님의 마음과 뜻을 알아 정확히 풀어야 하지요(딤후 3:16). 그럴 때에 듣는 사람도 영적인 갈급함이 해소되면서 마음이 시원하고, 동시에 성령의 뜨거운 역사를 느끼게 됩니다.

3. 두 관원장의 꿈을 해석한 요셉

"술 맡은 관원장이 그 꿈을 요셉에게 말하여 가로되 내가 꿈에 보니 내 앞에 포도나무가 있는데 그 나무에 세 가지가 있고 싹이 나서 꽃이 피고 포도송이가 익었고 내 손에 바로의 잔이 있기로 내가 포도를 따서 그 즙을 바로의 잔에 짜서 그 잔을 바로의 손에 드렸노라

요셉이 그에게 이르되 그 해석이 이러하니 세 가지는 사흘이라 지금부터 사흘 안에 바로가 당신의 머리를 들고 당신의 전직을 회복하리니 당신이 이왕에 술 맡은 자가 되었을 때에 하던 것같이 바로의 잔을 그 손에 받들게 되리이다 당신이 득의하거든 나를 생각하고 내게 은혜를 베풀어서 내 사정을 바로에게 고하여 이 집에서 나를 건져내소서 나는 히브리 땅에서 끌려온 자요 여기서도 옥에 갇힐 일은 행치 아니하였나이다

떡 굽는 관원장이 그 해석이 길함을 보고 요셉에게 이르되 나도 꿈에 보니 흰 떡 세 광주리가 내 머리에 있고 그 윗광주리에 바로를 위하여 만든 각종 구운 식물이 있는데 새들이 내 머리의 광주리에서 그것을 먹더라 요셉이 대답하여 가로되 그 해석은 이러하니 세 광주리는 사흘이라 지금부터 사흘 안에 바로가 당신의 머리를 끊고 당신을 나무에 달리니 새들이 당신의 고기를 뜯어먹으리이다 하더니"(40:9~19)

먼저 술 맡은 관원장이 꿈을 말합니다. 꿈에 보니 포도나무에 세 가지가 있는데, 그 가지에서 싹이 나고 꽃이 피더니 포도송이가 맺혀 익었습니다. 그가 그 포도를 따서 즙을 내어 바로의 잔에 담아 드렸다는 내용이었습니다.

꿈 이야기를 들은 요셉은 조금도 망설임 없이 해석을 내놓습니다. 나무의 세 가지는 사흘을 의미하며, 그가 포도즙을 내어 바로의 잔에 담아 드렸으니 사흘 안에 복직되어 왕의 곁에 있게 될 것이라고 말합니다. 더할 나위 없이 좋은 꿈이었습니다.

꿈을 해석한 요셉은 술 맡은 관원장에게 한 가지 부탁을 합니다. 자신은 히브리 땅에서 끌려온 사람으로 감옥에 갇힐 일은 하지 않았으니 그가 복직하면 자신의 사정을 왕에게 고하여 감옥에서 건져 달라는 것입니다. 술 맡은 관원장은 '복직만 한다면 무엇인들 들어주지 못하겠는가.' 하는 생각에 흔쾌히 허락합니다.

요셉은 애굽에 노예로 팔려 올 때도, 누명을 쓰고 감옥에 갇혔을 때도 억지로 그 상황을 벗어나려 애쓰지 않았습니다. 모든 것이 하나님 손에 있음을 믿었기에 주인에게 변명 한마디 하지 않았고 오히려 주인의 가정을 지켜 주고자 했습니다.

그렇다고 마음에서 희망을 버린 것은 아닙니다. 언젠가 기회가 올 것이라는 희망을 가지고 자신의 삶에 최선을 다했는데, 그 기회가 찾아온 것입니다. 그는 술 맡은 관원장이 복직된다면 지금의 상황에서 자신을 건져 줄 수 있을 것이라 생각했습니다. 자신이 애써서 만든 기회가 아니었기에 하나님께서 주신 기회라 여겼지요.

이번에는 떡 굽는 관원장이 기대하는 마음으로 자신의 꿈 이야기를 합니다. 꿈에 흰 떡 세 광주리가 자기 머리에 있고, 그 윗광주리에 각종 음식이 있는데 새들이 그것을 먹었다는 내용이었습니다.

그런데 요셉의 해석은 그의 기대와는 전혀 달랐습니다. 사흘 안에 왕이 그의 머리를 끊고 나무에 달므로 새들이 그 고기를 뜯어 먹을 것이라는 내용이었습니다.

4. 요셉의 부탁을 잊어버린 술 맡은 관원장

"제삼 일은 바로의 탄일이라 바로가 모든 신하를 위하여 잔치할 때에 술 맡은 관원장과 떡 굽는 관원장으로 머리를 그 신하 중에 들게 하니라 바로의 술 맡은 관원장은 전직을 회복하매 그가 잔을 바로의 손에 받들어 드렸고 떡 굽는 관원장은 매달리니 요셉이 그들에게 해석함과 같이 되었으나 술 맡은 관원장이 요셉을 기억지 않고 잊었더라"(40:20~23)

사흘 후 바로의 탄생일에 성대한 잔치가 열렸습니다. 신하들의 축하를 받는 흥겨운 자리에서 바로는 감옥에 가두었던 두 신하를 불러들입니다. 이때 술 맡은 관원장은 복직되어 바로에게 술잔을 받들어 드렸습니다. 반면 떡 굽는 관원장은 처형되고 맙니다.

과연 요셉의 해석대로 이루어졌습니다. 그런데 술 맡은 관원장은 요셉의 부탁을 잊어버립니다. 그로부터 한 달, 두 달, 1년이 지나도 술 맡은 관원장에게서 아무 소식이 없었습니다. 그리고 또다시 1년이 흘렀습니다.

요셉은 2년이라는 시간을 어떻게 보냈을까요? 자신을 잊어버린 관원장을 원망하며 보냈을까요? 더 이상 희망이 없다며 주저앉아 있었을까요? 그렇지 않습니다. 하나님이 주신 꿈을 생각하며 믿음과 소망을 잃지 않았습니다. 여전히 감사하며 자신의 삶에 최선을 다했습니다.

이것이 참된 믿음입니다. 하나님께서는 이미 오래전에 요셉에게 꿈으로 축복의 언약을 주셨습니다. 현실을 볼 때 갈수록 꿈과는 반대로 가는 것처럼 보였지만, 요셉은 그 언약을 되새기며 신실히 믿었습니다. 더욱이 두 관원장의 결국이 하나님께서 주신 꿈의 해석대로 되는 것을 보면서 그는 자신의 꿈을 다시 한 번 떠올리며 반드시 이루어질 것을 굳게 믿었습니다.

하나님께서 축복의 언약을 주셨다 해도 사람 편에서 그 뜻을 저버리면 언약이 성취될 수 없습니다. 그러나 신실하게 언약을 믿고 변함없이 하나님 뜻을 좇는다면 반드시 이루어집니다. 다만 성취되는 시점에 있어서 사람이 생각하는 때와 하나님께서 섭리하신 때가 다를 수 있습니다.

요셉은 이러한 사실을 알았기에 2년이라는 세월이 흘러도 결코 낙망하지 않았던 것입니다. 전옥을 통해 술 맡은 관원장에게 한 번쯤 기별을 할 수 있는데도 결코 사람의 방법을 동원하지 않았습니다. 하나님께서 정하신 때를 잠잠히 기다렸지요.

이러한 기다림의 세월 역시 그에게는 값진 연단의 시간이었습니다. 하나님께서는 아무 이유 없이 요셉에게 2년을 더 기다리게 하신 것이 아닙니다. 모든 상황과 조건이 정확히 맞아 떨어지는 때를 기다리신 것입니다.

하나님께서 술 맡은 관원장의 마음을 주관하시면 당장에라도 요셉을 기억하여 감옥에서 꺼내 줄 수도 있지만 아직은 때가 아니었습니다. 만약 술 맡은 관원장이 복직되자마자 곧바로 왕에게 고하여 그를 감옥에서 꺼내 주었다면 어떻게 되었을까요?

히브리 노예에 불과한 요셉은 애굽 왕 바로 앞에 나갈 기회도 얻지 못했을 것입니다. 그냥 감옥에서 풀려 나오는 것으로 만족하고 아버지 야곱이 있는 고향으로 돌아갔겠지요. 그렇게 되면 그동안 애굽에서 보낸 긴 연단의 시간이 아무런 열매도 맺지 못한 채 허송세월한 것이 되고 맙니다.

하나님께서는 애굽에 다가올 풍년과 흉년의 기회를 이용하여 요셉이 애굽 총리가 될 수 있는 길을 만들어 가십니다. 그를 총리로 만들기 위해 일부러 애굽에 풍년과 흉년을 내린 것이 아니라 그러한 일이 있을 것을 미리 알고 거기에 맞춰 역사하셨다는 말입니다.

또한 애굽 왕 바로에게도 앞으로 될 일을 꿈으로 미리 보여 주시고 요셉에게 그 꿈을 해석하도록 모든 상황을 이끌어 가셨습니다. 그 시점이 술 맡은 관원장이 복직되고 나서 2년이 지난 후였기에 요셉으로 하여금 그 시간을 감옥에 더 지내도록 두신 것입니다.

고대 근동의 중심지 애굽(이집트)은 어떤 나라인가?

요셉이 노예로 팔려간 애굽(이집트)은 인류 문명의 근원지로, 세계 4대 문명 중 하나인 이집트 문명을 화려하게 꽃피웠다. 애굽은 어떻게 이처럼 일찍이 찬란한 문화를 꽃피울 수 있었을까?

에덴동산의 생령 아담이 즐겨 찾던 곳

하나님께서 창조하신 첫 사람 아담은 범죄하기 전, 만물을 지배하고 정복하며 다스리는 권세가 있었기 때문에 에덴동산은 물론, 수시로 지구를 왕래하며 다스리고 지키는 사명을 수행했다. 지구를 방문할 때마다 아름다운 곳을 찾아 자연과 경치를 즐기곤 했는데, 그가 즐겨 찾던 대표적인 지역이 바로 애굽에 있는 나일 강 주변이다.

창세기 2장 10절 이하를 보면 '강이 에덴에서 발원하여 동산을 적시고 거기서부터 갈라져 네 근원이 되었으니 첫째의 이름은 비손, 둘째 강의 이름은 기혼, 셋째 강의 이름은 힛데겔, 넷째 강은 유브라데더라' 했다. 그중에 '구스 온 땅에 두른 기혼 강'이 바로 나일 강의 근원이다.

나일 강 유역의 고대 문명 발상지

하나님께서 창조하신 지구는 에덴에 발원지를 둔 네 개의 큰 강이 만들어지면서 아름다움을 더해 갔고, 땅은 비옥해졌다. 그러나 첫 사람 아담이 범죄하여 에덴동산에서 쫓겨난 후, 땅도 저주를 받아 지구는 점점 황폐해져 갔다(창 3:17~18). 물론 저주를 받았다고는 하지만 지금과 비교해 본다면 당시는 훨씬 깨끗하고 비옥했다.

이집트는 '나일 강의 선물'이라 할 정도로 나일 강을 중심으로 문명이 발달했다. 나일 강 상류의 에티오피아(구스) 고원에 매년 정기적으로 내리는 비로 인해 강이 범람하여 저수지나 보 등 관개 시설이 발달했다. 그 결과 농업이 발달하여 많은 경제적 이익을 내었고, 유프라테스 강과 티그리스 강 유역의 메소포타미아와 함께 고대 근동의 중심지가 되었다.

세계 4대 문명 발상지

찬란한 문명의 자취가 남아 있는 곳

나일 강 유역에 자리한 이집트에는 여느 지역보다 찬란하고 뛰어난 문명의 자취가 많이 남아 있다. 그 예로 피라미드나 스핑크스를 들 수 있으며, 이처럼 불가사의한 문명의 자취들은 '뽐낼 만하다, 견줄 만하다'는 의미를 가진 '기혼'이라는 이름과도 관련이 있다(창 2:13).

이집트 기자 지역에는 대피라미드와 그에 이웃한 두 개의 피라미드가 있다. 이들 피라미드는 신기하게도 오리온 별자리 중앙에 있는 세 개의 별과 일치하는 점이 있다. 유달리 세 번째 피라미드가 다른 두 개에 비해 작은데 오리온 별자리에서도 세 번째 별이 유달리 밝기가 떨어진다. 또한 세 번째 피라미드와 별이 일직선상에서 약간 비껴나 있는 것도 똑같다.

이들 피라미드는 현대 문명도 따라가기 힘든 고도의 건축 기술로 축조되었으며 놀라운 천문학적, 수학적 지식도 담겨 있다. 대피라미드는 평균 2.5톤의 거대한 돌 230만 개가 겹쳐 쌓여 있고, 돌과 돌 사이의 빈틈이 0.5mm밖에 안 될 만큼 고도의 기술로 만들어졌다.

피라미드와 함께 불가사의로 꼽히는 것이 스핑크스이다. 스핑크스의 길이는 약 74미터, 높이는 20미터로서 놀랍게도 한 개의 돌을 깎아서 만들었다. 이렇게 큰 돌을 과연 어디서 어떻게 옮겨왔을까? 이러한 피라미드와 스핑크스가 고대에 건축된 것은 불가사의이다. 하지만 에덴동산에 살던 아담이 이 지역을 즐겨 찾았던 것을 기억하면 비밀의 실마리를 찾을 수 있다.

Joseph

Chapter 3

히브리 노예 요셉, 애굽 총리가 되다

애굽 왕의 기이한 꿈

술 맡은 관원장이 요셉을 천거하다

애굽 왕이 요셉을 불러 꿈 해석을 요청하다

구체적인 대비책까지 제시하는 요셉

하나님의 신이 감동한 사람, 너는 내 집을 치리하라

애굽 총리가 된 요셉, 흉년을 대비하다

1. 애굽 왕의 기이한 꿈

"만 이 년 후에 바로가 꿈을 꾼즉 자기가 하숫가에 섰는데 보니 아름답고 살진 일곱 암소가 하수에서 올라와 갈밭에서 뜯어먹고 그 뒤에 또 흉악하고 파리한 다른 일곱 암소가 하수에서 올라와 그 소와 함께 하숫가에 섰더니 그 흉악하고 파리한 소가 그 아름답고 살진 일곱 소를 먹은지라 바로가 곧 깨었다가 다시 잠이 들어 꿈을 꾸니 한 줄기에 무성하고 충실한 일곱 이삭이 나오고 그 후에 또 세약하고 동풍에 마른 일곱 이삭이 나오더니 그 세약한 일곱 이삭이 무성하고 충실한 일곱 이삭을 삼킨지라 바로가 깬즉 꿈이라

아침에 그 마음이 번민하여 보내어 애굽의 술객과 박사를 모두 불러 그들에게 그 꿈을 고하였으나 그것을 바로에게 해석하는 자가 없었더라"(41:1~8)

요셉의 꿈 해석 이후 술 맡은 관원장이 복직되고 만 2년이 지난 어느 날, 애굽 왕 바로가 기이한 꿈을 연속으로 꾸었습니다.

꿈에 보니 그가 하숫가에 섰는데 아름답고 살진 암소 일곱 마리가 하수에서 올라와 갈대밭에서 풀을 뜯어 먹었습니다. 그런데 그 뒤로 흉악하고

파리한 일곱 암소가 하수에서 올라오더니 이내 아름답고 살진 소들을 잡아먹는 것이었습니다.

순간 잠에서 깬 바로는 다시 잠이 들어 꿈을 꿉니다. 이번에는 한 줄기에서 무성하고 충실한 일곱 이삭이 나오고 그 후에 세약하고 동풍에 마른 일곱 이삭이 나오는데, 그 세약한 일곱 이삭이 충실한 일곱 이삭을 삼키는 것이었습니다.

바로가 하숫가에 서 있었다고 했는데, 여기서 하숫가란 '시험'을 의미합니다. 물가나 시냇가는 영적으로 하나님 말씀을 의미하는 물과 관련이 있어 좋은 의미를 가집니다. 따라서 하숫가에 서 있다는 것은 하나님께서 주시는 시험으로서 결과적으로는 축복으로 돌아올 것을 의미합니다.

꿈에서 깬 바로는 뭔가 심상치 않음을 느꼈습니다. 무척 근심이 되었지만 무슨 뜻인지 도무지 알 길이 없었습니다. 애굽의 술객과 박사들을 모두 불러 해석하도록 해 보았으나 아무도 해석하지 못합니다.

고대 사회에서는 초자연적인 일을 숭배하는 마술사가 있어 제사를 주관하기도 하였습니다. 마술을 뜻하는 매직(magic)의 어원도 고대 페르시아의 종교의식을 담당했던 사제집단(magus)에서 파생되었지요. 이들은 속임수나 최면술, 심지어 악한 영의 힘을 빌려 점을 치기도 하고 때로 재앙을 내리기도 했습니다. 출애굽 당시 모세를 대적하였던 술사들에 관한 기록을 보아도 이들의 존재를 알 수 있습니다.

그런데 이들조차도 꿈을 명쾌히 해석하지 못하니 바로의 고민은 깊어질 수밖에 없었습니다. 이를 곁에서 지켜보던 술 맡은 관원장의 머릿속에 불현듯 떠오르는 인물이 있었습니다. 과거 간옥에 있을 때 자신의 꿈을 해석해 준 요셉입니다. 지난 2년 동안 까마득하게 잊고 있었던 요셉에 대한 기억이 되살아난 것입니다. 그와 했던 약속, 곧 자신이 복직하면 그의 사정을 왕에게 고하여 감옥에서 건져내 주겠다던 말이 생각났습니다.

이렇듯 하나님께서 섭리하신 때가 되자 모든 것이 짜 맞춘 듯이 맞아떨어지고 있습니다. 하나님 섭리에 따라 물 흐르듯 모든 일이 착착 진행되었지요.

2. 술 맡은 관원장이 요셉을 천거하다

"술 맡은 관원장이 바로에게 고하여 가로되 내가 오늘날 나의 허물을 추억하나이다 바로께서 종들에게 노하사 나와 떡 굽는 관원장을 시위대장의 집에 가두셨을 때에 나와 그가 하룻밤에 꿈을 꾼즉 각기 징조가 있는 꿈이라 그곳에 시위대장의 종된 히브리 소년이 우리와 함께 있기로 우리가 그에게 고하매 그가 우리의 꿈을 풀되 그 꿈대로 각인에게 해석하더니 그 해석한 대로 되어 나는 복직하고 그는 매여 달렸나이다"(41:9~13)

어느 누구도 왕의 꿈을 해석하지 못하는 것을 보면서 술 맡은 관원장은 요셉을 추천하기로 마음먹습니다. 그러나 단도직입적으로 추천하지는 않습니다. 마치 딴 이야기라도 하듯이 "내가 오늘날 나의 허물을 추억하나이다" 하며 말을 시작합니다.

자신과 떡 굽는 관원장이 왕의 노여움을 사서 시위대장 집에 갇혔을 때 그들이 꿈 꾸었던 일, 그곳에서 히브리 청년 요셉이 꿈을 해석해 준 대로 자신은 복직되고 떡 굽는 관원장은 처형된 일을 말합니다. "나의 허물을 추억한다"는 말로 그는 자신을 지극히 낮추면서 요셉의 꿈 해석이 얼마나 정확했는지를 실감나게 설명합니다. 짧은 몇 마디이지만 자신이 하고자 하는 말을 차근차근 설득력 있게 풀어 나갑니다. 그러면 왜 그는 바로에게 곧바로 요셉을 추천하지 않고 우회적으로 돌려서 말한 것일까요? 여기에는 그의 지혜가 담겨 있습니다. 이런 화법이 상대에게 더 확신을 줄 수 있기 때문입니다.

만약 술 맡은 관원장이 곧장 "요셉이라는 히브리 노예가 있는데 제가 감옥에 있을 때 만난 사람입니다. 그가 꿈 해석을 잘하니 불러서 꿈을 해석해 보도록 하시지요."라고 했다면 바로가 순순히 그 말을 들었을까요?

물론 그를 얼마나 신뢰하느냐에 따라 반응이 다를 수 있지만, 단번에 왕의 마음을 끌기에는 부족합니다. 자칫하면 "감히 히브리 종이 우리나라 술객과 박사보다 낫다는 말인가? 그들도 해석하지 못한 꿈을 어찌 해석할 수 있다는 말이냐?" 하며 왕의 심기가 불편해질 수도 있습니다.

그렇게 되면 더 이상 말을 꺼내기가 어렵습니다. 이에 술 맡은 관원장은 왕을 곁에서 모시면서 나름대로 터득한 지혜로 자연스럽게 왕에게 요셉이 인식되도록 이야기를 이끌어갔습니다.

이처럼 하나님께서는 술 맡은 관원장의 성품과 마음씀, 지혜 등을 아셨기에 그를 택하여 요셉을 바로에게 연결시키는 도구로 사용하셨습니다. 그는 바로를 곁에서 모시면서 '어떻게 대화하는 것이 더 왕의 마음을 움직일 수 있는가'에 대한 경험과 지혜를 갖춘 사람이었기에 하나님께서 그를 택하여 쓰신 것입니다.

술 맡은 관원장이 도리를 저버리는 사람이었다면 어땠을까요? 요셉이 생각났다 해도 굳이 왕에게 그를 추천하지 않았을 것입니다. 다행히 요셉의 꿈 해석이 맞으면 좋지만, 그렇지 않으면 그를 추천한 책임을 면할 수 없기 때문입니다.

그러나 술 맡은 관원장은 일이 잘 안 될 경우, 자신에게 해가 올 수 있음을 알면서도 약속을 지키기 위해 기꺼이 요셉을 추천했습니다. 지난 2년 동안 요셉을 잊고 있었던 것은 아직 때가 되지 않아 하나님께서 그를 주관하지 않으셨기 때문입니다. 때가 되어 하나님께서 요셉을 기억나게 하자 그는 결코 도리를 저버리지 않았습니다.

3. 애굽 왕이 요셉을 불러 꿈 해석을 요청하다

"이에 바로가 보내어 요셉을 부르매 그들이 급히 그를 옥에서 낸지라 요셉이 곧 수염을 깎고 그 옷을 갈아입고 바로에게 들어오니 바로가 요셉에게 이르되 내가 한 꿈을 꾸었으나 그것을 해석하는 자가 없더니 들은즉 너는 꿈을 들으면 능히 푼다더라 요셉이 바로에게 대답하여 가로되 이는 내게 있는 것이 아니라 하나님이 바로에게 평안한 대답을 하시리이다

바로가 요셉에게 이르되 내가 꿈에 하숫가에 서서 보니 살지고 아름다운 일곱 암소가 하숫가에 올라와 갈밭에서 뜯어먹고 그 뒤에 또 약하고 심히 흉악하고 파리한 일곱 암소가 올라오니 그같이 흉악한 것들은 애굽 땅에서 내가 아직 보지 못한 것이라 그 파리하고 흉악한 소가 처음의 일곱 살진 소를 먹었으며 먹었으나 먹은 듯하지 아니하여 여전히 흉악하더라 내가 곧 깨었다가 다시 꿈에 보니 한 줄기에 무성하고 충실한 일곱 이삭이 나오고 그 후에 또 세약

하고 동풍에 마른 일곱 이삭이 나더니 그 세약한 이삭이 좋은 일곱 이삭을 삼키더라 내가 그 꿈을 술객에게 말하였으나 그것을 내게 보이는 자가 없느니라

요셉이 바로에게 고하되 바로의 꿈은 하나이라 하나님이 그 하실 일을 바로에게 보이심이니이다 일곱 좋은 암소는 일곱 해요 일곱 좋은 이삭도 일곱 해니 그 꿈은 하나이라 그 후에 올라온 파리하고 흉악한 일곱 소는 칠 년이요 동풍에 말라 속이 빈 일곱 이삭도 일곱 해 흉년이니 내가 바로에게 고하기를 하나님이 그 하실 일로 바로에게 보이신다 함이 이것이라 온 애굽 땅에 일곱 해 큰 풍년이 있겠고 후에 일곱 해 흉년이 들므로 애굽 땅에 있던 풍년을 다 잊어버리게 되고 이 땅이 기근으로 멸망되리니 후에 든 그 흉년이 너무 심하므로 이전 풍년을 이 땅에서 기억하지 못하게 되리이다"(41:14~31)

근심에 싸여 있던 바로에게 술 맡은 관원장의 말은 가뭄 끝에 단비 같은 희소식이었습니다. 바로는 급히 사람을 보내 요셉을 부릅니다. 드디어 하나님께서 정하신 때가 되어 요셉은 바로 앞에 섰습니다. 바로는 감옥에서 나온 요셉에게 자신의 꿈을 해석하는 자가 없다며 "너는 꿈을 들으면 능히 푼다더라"고 말합니다.

요셉은 이렇게 바로 앞에 서는 것이 하나님의 뜻과 섭리임을 알았습니다. 그래서 왕이 자신을 찾는다는 말을 들었을 때 불안하거나 두려워하지 않았습니다. "드디어 때가 왔구나!" 하고 조급해하지도 않았지요. 다만 왕의 말에 "이는 내게 있는 것이 아니라 하나님이 바로에게 평안한 대답을 하시리이다"라고 대답합니다. 비록 왕 앞이라도 하나님의 이름으로 말하는 것이므로 담대한 것을 볼 수 있습니다.

또한 요셉은 모든 것이 하나님 섭리 안에 있기에 꿈의 해석 역시 하나님께서 역사해 주실 것을 굳게 믿었습니다. 그래서 바로에게도 꿈의 해석은 오직 하나님께로부터 오는 것임을 확실히 말해 주고 있지요. 하나님께서 깨우쳐 주셔야 바로의 꿈을 해석할 수 있음을 알기에 자신을 낮추며 하나님의 이름을 높인 것입니다.

바로가 꿈 내용을 말하자, 요셉은 일사천리로 해석해 나갑니다. 하나님께서 감동함 가운데 깨우쳐 주시니 곧바로 해석이 나옵니다. 이처럼 하나님께서 역사하시면 생각을 동원하거나 머뭇거릴 필요가 없습니다.

과연 꿈 해석은 예사롭지 않았습니다. '살지고 아름다운 일곱 암소나 무성하고 충실한 일곱 이삭'은 7년 동안의 완전한 풍년을 의미했습니다. 반면에 '흉악하고 파리한 일곱 암소와 세약하고 마른 일곱 이삭'은 7년의 완전한 흉년을 의미합니다.

결국 바로의 꿈은 애굽에 7년간 풍년이 들었다가 연이어 7년간 흉년이 들게 된다는 의미였습니다. 또한 '파리하고 흉악한 소가 살진 소를 잡아먹고 세약한 이삭이 좋은 이삭을 삼킨 것'은 풍년 뒤에 올 흉년이 극심하여 이전 풍년을 기억지도 못하게 된다는 뜻이었지요. 영적인 의미가 같은 두 가지 꿈을 연속으로 꾸었다는 것은 이 일을 하나님께서 이미 정하셨으며 속히 이뤄질 것임을 나타냅니다.

4. 구체적인 대비책까지 제시하는 요셉

"바로께서 꿈을 두 번 겹쳐 꾸신 것은 하나님이 이 일을 정하셨음이라 속히 행하시리니 이제 바로께서는 명철하고 지혜 있는 사람을 택하여 애굽 땅을 치리하게 하시고 바로께서는 또 이같이 행하사 국중에 여러 관리를 두어 그 일곱 해 풍년에 애굽 땅의 오분의 일을 거두되 그 관리로 장차 올 풍년의 모든 곡물을 거두고 그 곡물을 바로의 손에 돌려 양식을 위하여 각 성에 적치하게 하소서 이와 같이 그 곡물을 이 땅에 저장하여 애굽 땅에 임할 일곱 해 흉년을 예비하시면 땅이 이 흉년을 인하여 멸망치 아니하리이다"(41:32~36)

당시는 농사나 목축이 주된 산업이었습니다. 따라서 아무리 부강한 나라라 해도 연달아 7년씩이나 큰 흉년이 이어진다면 나라의 존속이 위태로울 수도 있습니다. 꿈대로 이루어진다면 그야말로 국가적인 큰 재앙이 아닐 수 없습니다.

꿈의 해석을 듣고 놀란 바로에게 요셉은 다가올 재앙에 대처하는 방법까지 상세히 알려 줍니다. 먼저 지혜로운 사람을 뽑아 책임자로 세우고, 나라에 여러 관리를 두어 일곱 해 풍년 동안 수확한 곡물의 5분의 1을 거두어 저장해 두라는 것입니다.

물론 7년 풍년과 7년 흉년이 연이어 온다는 사실을 알았을 때 '풍년에 거둔 양식을 저장하여 흉년을 대비해야겠다.'는 생각은 누구나 할 수 있습니다. 하지만 요셉은 막연히 풍년에 곡식을 거두어 흉년에 대비하라고 한 것이 아닙니다. 곡물을 얼마나 저장해야 할지 구체적인 수치까지 언급하며 해결책을 제시해 주었습니다.

만약 이 상황에서 왕이 관리들을 시켜 대책을 강구하라고 했다면 어떻게 했을까요? 먼저, 나라의 연평균 수확량과 인구대비 한 해에 필요한 양식은 얼마인지 조사해야 하고, 또 큰 풍년이 들었을 때와 큰 흉년이 들었을 때의 수확량을 예측해 보아야 합니다.

식량으로 사용될 곡물의 양과 육축을 위한 사료의 양, 이 밖에도 다음 해 농사를 위해 남겨둘 종자의 양 등 계산해야 할 것이 한두 가지가 아닙니다. 설령 이 많은 자료를 가지고 연구한다 해도 쉽게 결론이 날 사안이 아닙니다. 심사숙고하여 만반의 대책을 세웠다 해도 예상치 못한 변수는 얼마든지 생길 수 있습니다.

그런데 요셉은 조금도 주저하지 않고 대비책으로 5분의 1이라는 수치를 제시했습니다. 물론 하나님께서 요셉에게 지혜를 주셨기에 가능했지만, 이러한 해결책을 내놓았다는 것은 그가 이미 나라 살림을 정확히 파악하고 있음을 말해 줍니다.

요셉은 보디발의 집에서 가정 총무로서 오랫동안 큰 규모의 살림살이를 책임져 왔기에 실무를 감당할 능력이 있었습니다. 단순히 교육을 통해 배운 머릿속 지식이 아니라 직접 몸으로 부딪쳐서 실물 경제를 배운 것입니다. 여기에 감옥에 있는 동안 나라 살림과 정치에 대해 듣고 배운 내용들이 더해지면서 그는 애굽 경제의 흐름에 대해서도 훤히 꿰뚫고 있었습니다.

이처럼 그릇 준비가 된 상태에서 하나님으로부터 밝히 영감을 받으니 구체적인 방법론이 즉시 나올 수 있었던 것입니다. 이것이 바로 하나님께서 요셉을 보디발의 집과 감옥에서 연단하신 이유 중의 하나입니다. 영적인 자질은 물론, 육적으로도 충분한 능력을 갖추도록 이끄신 것입니다.

5. 하나님의 신이 감동한 사람, 너는 내 집을 치리하라

"바로와 그 모든 신하가 이 일을 좋게 여긴지라 바로가 그 신하들에게 이르되 이와 같이 하나님의 신이 감동한 사람을 우리가 어찌 얻을 수 있으리요 하고 요셉에게 이르되 하나님이 이 모든 것을 네게 보이셨으니 너와 같이 명철하고 지혜 있는 자가 없도다 너는 내 집을 치리하라 내 백성이 다 네 명을 복종하리니 나는 너보다 높음이 보좌뿐이니라 바로가 또 요셉에게 이르되 내가 너로 애굽 온 땅을 총리하게 하노라 하고 자기의 인장 반지를 빼어 요셉의 손에 끼우고 그에게 세마포 옷을 입히고 금사슬을 목에 걸고 자기에게 있는 버금 수레에 그를 태우매 무리가 그 앞에서 소리 지르기를 엎드리라 하더라 바로가 그로 애굽 전국을 총리하게 하였더라

바로가 요셉에게 이르되 나는 바로라 애굽 온 땅에서 네 허락 없이는 수족을 놀릴 자가 없으리라 하고 그가 요셉의 이름을 사브낫바네아라 하고 또 온 제사장 보디베라의 딸 아스낫을 그에게 주어 아내를 삼게 하니라 요셉이 나가 애굽 온 땅을 순찰하니라"(41:37~45)

요셉의 해몽에 이어 명철한 해결책까지 들은 왕은 너무나 흡족하였습니다. 답답했던 마음이 뻥 뚫린 듯 시원해졌지요. 바로는 지혜롭고 명철한 데에다 겸비함과 성실함까지 느껴지는 요셉이 단번에 마음에 들었습니다.

왕뿐 아니라 신하들도 요셉의 대비책을 흔쾌히 받아들였습니다. 요셉의 꿈 해석이 너무나 시원했기에 그들은 단 한 번의 만남으로도 그처럼 깊은 신뢰를 가질 수 있었던 것입니다.

바로는 “이와 같이 하나님의 신이 감동한 사람을 우리가 어찌 얻을 수 있으리요” 하고 크게 기뻐합니다. 요셉과 함께하시는 하나님을 인정하고 그의 지혜와 명철을 높이 산 것입니다.

분위기가 이쯤 되면 신하들 편에서는 ‘왕이 어찌하려고 저러시나.’ 하며 내심 걱정이 될 수도 있습니다. 자기 나라의 많은 신하를 제쳐두고 히브리 노예 출신인 요셉의 말에 귀 기울이며 그를 신뢰하는 왕을 보면서 서운함을 품을 수도 있지요.

그러나 그들은 왕이 요셉을 신임하여 그의 제안을 그대로 수용해도 서운해하거나 시기, 질투하지 않았습니다. 한낱 히브리 노예의 말이라고 무시하거나 업신여기지 않았지요. 이는 바로와 신하들이 그만큼 선하며 이 순간 마음이 하나로 모아졌음을 나타냅니다.

바로는 그 자리에서 요셉에게 “너는 내 집을 치리하라” 명합니다. 자신이 요셉보다 높은 것이 보좌뿐이라고 말하며, 자기의 인장 반지를 빼 요셉의 손에 끼워 주었습니다. 왕의 인장 반지는 돌이나 금속 등에 형상을 새겨 중요한 문서들에 서명, 날인할 수 있도록 만든 일종의 국새로, 왕의 권한 곧 권세와 신뢰를 상징합니다. 따라서 왕의 이 같은 행동은 앞으로 모든 국사를 요셉에게 위임한다는 뜻입니다.

이어 바로가 요셉에게 세마포 옷을 입히고 금사슬을 목에 걸어 준 뒤 자신의 버금 수레에 태우자, 무리가 그 앞에서 “엎드리라” 소리를 지릅니다. 또 바로는 요셉을 애굽 전국을 다스리는 총리로 임명하고 애굽에서 그의 허락 없이는 수족을 놀릴 자가 없을 것을 선포합니다.

7년 흉년을 대비하는 전권을 요셉에게 위임했을 뿐만 아니라 자신의 모든 권세를 맡겨 왕 다음가는 지위에 올려 준 것입니다. 타국에서 팔려 온 종이요 죄수였던 요셉이 일약 대국의 총리가 되는 인생 대반전이 일어난 것이지요. 이때가 바로 하나님께서 계획하신 '때'였고, 이는 숱한 연단을 통과한 요셉에게 주신 축복이었습니다.

신하들 편에서 보면 이 일련의 과정이 너무나 급작스럽고 황당하게 느껴질 수 있습니다. 하루아침에 자신들이 노예 출신 히브리 사람 앞에 머리를 숙여야 하는 처지가 되었습니다. 당연히 이에 대해 불평불만이 나올 수도 있었습니다.

애굽의 전반적인 상황을 요셉보다 자신들이 훨씬 잘 안다고 생각하여 왕의 결정을 돌이키려 할 수도 있습니다. 또는 요셉이 제시한 해결책은 따르겠지만 자신들의 힘만으로도 얼마든지 이 사태를 해결할 수 있다 여기며 그를 축출하고자 궤계를 쓸 수도 있지요. 그러나 신하들은 아무도 그러지 않았습니다.

물론 바로의 입장에서도 히브리 노예에 불과한 요셉에게 애굽 전국을 치리하는 총리직을 맡긴다는 것 자체가 엄청난 모험입니다. 그럼에도 불구하고 바로는 요셉을 애굽의 총리로 세웁니다.

요셉은 애굽에 종으로 팔려 온 이후 13년 만에 드디어 꿈을 이루게 되었습니다. 바로는 요셉을 총리로 등용한 후 '사브낫바네아'라는 애굽식 이름을 지어 줍니다. 이는 '신(하나님)이 말씀하시고 그분은 살아 계시다.'는 뜻입니다.

바로는 요셉에게 온의 제사장 보디베라의 딸 아스낫을 아내로 주었습니다. 온은 비옥한 나일 삼각주 남단에 위치한 성의 이름입니다. 당시 애굽의 중심지로 알려진 곳이기도 합니다. 바로가 당시 최고의 귀족 가문이자 존경과 선망의 대상이었던 제사장의 딸을 요셉의 아내로 맞게 한 것은 최고의 대우를 해 준 것입니다.

이제 요셉은 누구도 얕보거나 무시할 수 없는 확실한 권세와 힘을 갖게 되었습니다. 이는 바로가 형식적이거나 말로만 요셉을 신뢰한 것이 아님을 분명히 보여 주는 증거입니다. 그가 애굽을 치리하는 데 마음껏 뜻을 펼칠 수 있도록 최대한 배려해 준 것입니다.

만약 이처럼 전폭적인 지지를 보내 주지 않았다면 요셉은 갖가지 도전과 어려움에 직면할 수도 있었을 것입니다. 그러나 바로의 확실한 지지를 배경으로 요셉은 어떠한 주저함이나 망설임 없이 하나님께서 주신 지혜를 마음껏 펼칠 수 있었습니다. 그 결과 애굽과 바로에게도 은혜를 끼칠 수 있었습니다.

바로는 요셉을 총리로 세워 7년 흉년에 대비함으로 결국 큰 재앙에서 벗어날 수 있었습니다. 요셉이 없었다면 애굽은 흉년의 재앙으로 회복하기 어려울 만큼 피폐해졌을 것입니다. 그러니 애굽 왕과 백성에게 요셉은 나라와 자신들의 생명을 구한 은인과 같은 존재입니다.

바로와 그의 나라가 이러한 은혜를 입을 수 있었던 것은 공의에 맞았기 때문입니다. 바로와 신하들에게 선한 마음이 있었기에 은혜를 입을 수 있었다는 말입니다. 만일 그들이 요셉을 인정하지 않고 그가 제시한 방법을 따르지 않았다면 애굽은 큰 재앙을 피할 수 없었을 것입니다.

왕과 신하들의 마음과 뜻이 하나 되지 못했다 해도 마찬가지입니다. 바로가 선한 마음 가운데 주관을 받았고, 신하들도 그의 뜻에 따라주었기 때문에 결과적으로 나라와 백성이 큰 은혜를 입을 수 있었던 것입니다. 조직의 머리 된 사람과, 그와 함께하는 사람들이 한마음이 되는 것은 이처럼 중요합니다.

오늘날 하나님 일을 이룸에 있어서도 함께한 사람들이 하나 되어 화평할 때 하나님의 역사를 볼 수 있습니다. 하나 된 마음에는 원수 마귀 사단이 방해할 수 없으므로 하나님께서 원하시는 방향으로 나간다면 능히 형통하게 일을 이루게 됩니다. 반면에 아무리 뛰어난 일꾼이 많다 해도 서로 하나 되지 못해 화평이 깨어지면 사단이 역사하므로 사소한 일도 어그러질 수 있습니다.

바로와 신하들은 선한 마음으로 하나 되었기에 하나님의 은혜를 입는 것이 공의의 법칙에 들어맞았습니다. 만약 바로의 마음이 강퍅하고 신하들 역시 요셉을 시기 질투했다면 하나님께서 그들을 억지로 주관하여 은혜를 입도록 역사하실 수는 없었다는 말입니다. 하나님께서는 선한 사람은 선한 그릇대로, 악한 사람은 악한 그릇대로 쓰시기 때문입니다.

그렇다 해서 바로와 신하들이 하나님 보시기에 선의 차원에 이르렀다는 의미는 아닙니다. 하나님께서 은혜와 축복을 주시기 위해 각 사람에게 요구하시는 선의 기준은 다릅니다.

바로와 신하들은 하나님을 믿지 않는 이방인임에도 하나님과 하나님의 사람을 인정했습니다. 이것이 선으로 인정받을 수 있었던 비결입니다.

여기서 중요한 것은 응답받을 만한 수준의 선과 사랑, 믿음을 가졌다 해도 하나님께서 어떤 것을 주관하실 때 순종하지 않으면 아무 소용이 없다는 사실입니다.

그래서 하나님께서는 일을 이루실 때 순종할 수 있는 사람을 찾으십니다. 하나님께서는 애굽의 바로가 요셉의 말을 신뢰하고 순종할 것을 아셨기에 그를 택하여 도구로 쓰셨습니다. 만약 그가 출애굽 당시의 바로와 같은 강퍅한 마음을 가졌다면 결코 이러한 일들이 가능하지 않았겠지요.

이처럼 하나님은 그 섭리를 이룸에 있어 당대 애굽을 다스리는 바로가 어떤 사람인지까지도 고려하여 모든 것이 합력하여 선을 이루도록 주관해 가신 것입니다. 그래서 '때'와 '시'라는 것이 필요합니다.

하나님 섭리는 아무 때에나 억지로 짜맞추듯 이뤄지는 것이 아닙니다. 모든 환경과 조건이 어느 때에 가장 좋을지를 아시는 하나님께서 거기에 맞추어 정확히 역사하십니다. 하나님께서 요셉에게 맞추신 때는 바로 '삼십 세'였습니다.

6. 애굽 총리가 된 요셉, 흉년을 대비하다

"요셉이 애굽 왕 바로 앞에 설 때에 삼십 세라 그가 바로 앞을 떠나 애굽 온 땅을 순찰하니 일곱 해 풍년에 토지 소출이 심히 많은지라 요셉이 애굽 땅에 있는 그 칠 년 곡물을 거두어 각 성에 저축하되 각 성 주위의 밭의 곡물을 그 성중에 저장하매 저장한 곡식이 바다 모래같이 심히 많아 세기를 그쳤으니 그 수가 한이 없음이었더라 흉년이 들기 전에 요셉에게 두 아들을 낳되 곧 온 제사장 보디베라의 딸 아스낫이 그에게 낳은지라 요셉이 그 장자의 이름을 므낫세라 하였으니 하나님이 나로 나의 모든 고난과 나의 아비의 온 집 일을 잊어버리게 하셨다 함이요 차자의 이름을 에브라임이라 하였으니 하나님이 나로 나의 수고한 땅에서 창성하게 하셨다 함이었더라

애굽 땅에 일곱 해 풍년이 그치고 요셉의 말과 같이 일곱 해 흉년이 들기 시작하매 각국에는 기근이 있으나 애굽 온 땅에는 식물이 있더니 애굽 온 땅이 주리매 백성이 바로에게 부르짖어 양식을 구하는지라 바로가 애굽 모든 백성에게 이르되 요셉에게 가서 그가 너희에게 이르는 대로 하라 하니라 온 지면에 기근이 있으매 요셉이 모든 창고를 열고 애굽 백성에게 팔새 애굽 땅에 기근이 심하며 각국 백성도 양식을 사려고 애굽으로 들어와 요셉에게 이르렀으니 기근이 온 세상에 심함이었더라"(41:46~57)

요셉은 하나님의 섭리 가운데 애굽에 노예로 팔려와 삼십 세에 바로의 꿈을 해석하고 애굽의 총리가 되었습니다. 그렇다 해서 마냥 부와 권세를 누리며 마음 편히 살아갈 수 있는 상황이 아니었지요.

곧바로 전국을 순찰하며 다가올 7년의 풍년과 7년의 흉년을 대비하기 위해 어느 때보다도 몸과 마음이 분주했습니다. 어디에다 창고를 만들어 곡식을 저장할지, 어떻게 저장해야 곡식을 상하지 않게 오래 보존할 수 있는지 등 분야마다 하나님의 지혜를 얻어야 했습니다.

하나님께서 주신 꿈의 해석대로 애굽에는 곧바로 7년간의 큰 풍년이 시작됩니다. 만약 일곱 해 풍년에 이어 일곱 해 흉년이 올 것을 몰랐다면 이

했을까요? 큰 풍년 동안에 거둔 수확을 허비하기가 쉬웠을 것입니다. 그러나 흉년이 닥칠 것을 예견한 요셉의 계획에 따라 해마다 일정량의 곡물을 거두어 각 성에 차곡차곡 비축합니다. 이렇게 저장한 곡식이 얼마나 많았는지 바다의 모래같이 헤아릴 수 없을 정도였습니다.

한창 풍성한 수확의 기쁨을 누리고 있을 때 하나님께서는 요셉에게 두 아들을 낳도록 허락하십니다. 여기서도 하나님의 섬세하신 사랑을 느낄 수 있습니다. 흉년은 국가적인 재앙이니 그 시기보다는 풍년의 기쁨을 누릴 때에 자녀들이 태어나는 것이 더 복되지 않겠습니까?

요셉의 큰아들 므낫세의 이름에는 '잊어버린다'는 뜻이 담겨 있습니다. 그 이름에 담긴 의미대로 요셉은 이제 지난날의 모든 고난을 잊게 되었습니다. 또한 둘째 아들 에브라임의 이름에는 '풍성한 열매'라는 의미가 담겨 있는데, 그 의미대로 요셉이 애굽에서 행한 모든 수고와 노력이 창성하게 열매 맺게 되었습니다. 이렇게 두 아들까지 얻은 그는 영육 간에 부족함이 없는 축복을 받았습니다.

마침내 7년의 풍년이 끝나고 7년의 흉년이 시작되었습니다. 7년 동안 풍년이 이어질 때 사람들 사이에서는 '어쩌면 풍년이 계속되지 않을까?' 하는 막연한 기대 심리가 생겼을 수도 있습니다.

요셉의 명령대로 수확의 5분의 1을 걷어 각 지방에 적치하는 일을 번거롭게 생각하는 사람들도 있었겠지요(창 41:34~36). 또 흉년이 온다는 말에 반신반의하며 '그때 가 봐야 알지.' 하는 사람도 있었을 것입니다.

그런데 막상 7년이 지나고 흉년에 접어들자 '정말 요셉의 말대로 되어 가는구나!' 하고 그를 인정할 수밖에 없었습니다. 당시 애굽만이 아니라 주변 나라에도 기근이 심했습니다. 총리 요셉은 7년의 풍년 동안 거둔 수확을 잘 저장하고 관리하였기 때문에 큰 흉년을 맞았어도 애굽 땅에는 양식이 넉넉했습니다.

이 소문을 들은 주변 나라 백성들까지도 양식을 사려고 애굽으로 몰려들었지요. 요셉은 보디발의 집과 감옥에 있을 때에 보여 준 성실함과 정직함, 그리고 섬세함을 이번에도 유감없이 발휘하며 난국을 헤쳐나갈 수 있었습니다.

"하나님께서 계심으로 인하여서 제가 있었고
하나님의 은혜와 은택 가운데서
이와 같이 영광을 드리우며
정녕 많은 이들에게
하나님을 알리게 하심에 감사드리나이다.

하나님의 사랑이
내게 너무나 넘쳐났고
하나님의 기뻐하신 증거가
저를 통해 너무나 많이 넘쳤나이다.

저를 통하여서
심히 큰 열매를 거두시며
정녕 많은 것들로 인하여서 기뻐하시고
이루게 하심에 감사드리나이다."

Part 2

요셉의 선한 지혜, 이스라엘과 애굽을 살리다

Part 2

야곱의 열두 아들은
장차 이스라엘 민족을 이룰 초석과 같습니다.

이러한 하나님의 섭리를 깨우친 요셉은
형들이 하나님과의 사이에 막힌 죄의 담을 헐고
이스라엘의 열두 지파를 이룰 수 있도록
선한 지혜를 발휘합니다.

용서를 넘어서 모두를 살리고자 하는
사랑의 깊은 차원입니다.

Joseph

Chapter 4

너희 중에 진실이 있는지 보리라

양식을 사러 애굽에 간 야곱의 열 아들

너희가 어디서 왔느냐, 너희는 정탐들이라

형들을 삼 일간 옥에 가두는 요셉

너희가 독실한 자이면 말째 아우를 데리고 오라

베냐민까지 잃게 되었다고 힌딘하는 야곱

1. 양식을 사러 애굽에 간 야곱의 열 아들

"때에 야곱이 애굽에 곡식이 있음을 보고 아들들에게 이르되 너희는 어찌하여 서로 관망만 하느냐 야곱이 또 이르되 내가 들은즉 저 애굽에 곡식이 있다 하니 너희는 그리로 가서 거기서 우리를 위하여 사오라 그리하면 우리가 살고 죽지 아니하리라 하매 요셉의 형 십 인이 애굽에서 곡식을 사려고 내려갔으나 야곱이 요셉의 아우 베냐민을 그 형들과 함께 보내지 아니하였으니 이는 그의 말이 재난이 그에게 미칠까 두렵다 함이었더라 이스라엘의 아들들이 양식 사러 간 자 중에 있으니 가나안 땅에 기근이 있음이라"(42:1~5)

애굽에 흉년이 이어질 때 야곱과 그의 가족이 살고 있는 가나안 땅도 심각한 기근으로 양식이 부족한 상태였습니다. 일가족을 책임져야 하는 야곱으로서는 하루하루 근심이 깊어질 수밖에 없었습니다.

마침 애굽에 곡식이 많다는 소문을 들은 야곱은 아들들을 불러 "너희는 어찌하여 서로 관망만 하느냐"고 합니다. 기근으로 고통받고 있는데 장성한 아들들이 양식을 구하러 갈 생각도 하지 않으니 답답하여 책망한 것입니다. 이 한마디만 보아도 야곱과 아들들의 관계를 짐작할 수 있습니다. 야곱 편에서는 그들이 믿음직스럽지 못했습니다. 아들들도 아버지로부터 신뢰받지 못한다는 사실을 알기에 누구 하나 선뜻 나설 수 없었지요.

야곱의 아들들은 곡식을 사오라는 아버지의 말을 듣고서야 애굽으로 떠납니다. 이때 야곱은 막내아들 베냐민은 곁에 남겨 두었습니다. 요셉이 죽은 줄 알고 있는 그는 요셉에 대한 사랑을 베냐민에게 쏟아왔습니다. 베냐민은 요셉과 마찬가지로 네 명의 아내 중 가장 사랑했던 라헬에게서 얻은 아들이기 때문입니다. 야곱은 베냐민이 혹여 해를 입지는 않을까 염려하여 애굽에 보내지 않은 것입니다.

이는 양식을 구하러 가는 것이 녹록지 않은 일이었음을 말해 줍니다. 기근이 심하니 민심이 흉흉하고 도적이나 강도를 비롯한 위험이 도처에 도사리고 있는 상황입니다. 더욱이 멀리 타국으로 양식을 구하러 가야 하는 만큼 불안할 수밖에 없었습니다.

그러면 베냐민만 집에 남는 것에 대해 나머지 아들들의 반응은 어떠했을까요? 예전에 야곱이 요셉을 편애할 때에는 다른 아들들의 마음이 편치 못했습니다. 그러나 이번에는 예전과 같지 않았습니다. 요셉을 시기 질투하여 종으로 팔아버린 일로 죄책감이 있는 데다 베냐민은 자신들과 나이 차이도 많고 요셉과는 달랐기 때문입니다.

형들의 입장에서 볼 때 요셉은 총명하며 아버지의 사랑을 받는다는 이유로 자신들을 무시하고 잘난 체했지만, 베냐민은 성품이 심약하여 형들을 자극할 만한 언행을 하지 않았습니다. 요셉처럼 들레거나 높아지려 하지 않았고, 옳고 그름을 따져 아버지께 형들의 잘못을 전하지도 않았지요. 그러니 베냐민이 아버지의 사랑을 받는다 해도 형들은 그를 미워하지 않았고, 양식을 구하러 가는 일에 제외됐다고 해서 불편해하지 않았습니다.

2. 너희가 어디서 왔느냐, 너희는 정탐들이라

"때에 요셉이 나라의 총리로서 그 땅 모든 백성에게 팔더니 요셉의 형들이 와서 그 앞에서 땅에 엎드려 절하매 요셉이 보고 형들인 줄 아나 모르는 체하고 엄한 소리로 그들에게 말하여 가로되 너희가 어디서 왔느냐 그들이 가로되 곡물을 사려고 가나안에서 왔나이다 요셉은 그 형들을 아나 그들은 요셉을 알지 못하더라 요셉이 그들에게 대하여 꾼 꿈을 생각하고 그들에게 이르되 너희는 정탐들이라 이 나라의 틈을 엿보려고 왔느니라 그들이 그에게 이르되 내 주여 아니니이다 종들은 곡물을 사러 왔나이다 우리는 다 한 사람의 아들로서 독실한 자니 종들은 정탐이 아니니이다"(42:6~11)

애굽에 당도한 야곱의 아들들은 애굽 총리인 요셉 앞에 엎드려 절하며 예를 갖췄습니다. 요셉이 애굽의 총리가 되어 있으리라고는 꿈에도 생각지 못했기에 그에게 절하면서도 전혀 알아보지 못했습니다.

그러나 요셉은 소년 시절에 하나님께서 주신 꿈을 늘 마음에 새기고 있었으며 언젠가는 아버지와 형들을 만날 날이 올 것이라 믿었기에 즉시 그들을 알아보았습니다.

20여 년 만에 형들을 만난 요셉의 마음은 어땠을까요? 자신을 죽이려 했고, 결국 노예로 팔아버린 형들이지만 요셉은 그들이 밉지 않았습니다. 도리어 형들에 대한 깊은 정이 밀려왔지요.

요셉은 연단의 과정을 거치면서 형들의 입장을 헤아리게 되었고, 자신의 부족함을 발견했습니다. '내가 좀 더 형들의 마음을 헤아렸더라면 미움을 사지 않았을 텐데….' 하며 모든 것을 자기 탓으로 돌렸습니다. 자신에게 들레는 마음이 없고 형들의 허물을 사랑과 덕으로 덮어 주었다면 화평할 수 있었을 것이라 생각했습니다. 연단을 통해 아름답고 선한 마음으로 변화된 것입니다.

비록 형들의 행위는 악했지만 요셉은 조금의 미운 감정도, 서운함도 없었습니다. 도리어 애틋한 마음으로 형들을 바라보며 자신을 인도해 주신 하나님께 감사하는 마음뿐이었습니다. 마음 같아서는 당장 형들을 부둥켜안고 뜨거운 정을 나누며 아버지에게도 자신의 생존 소식을 알리고 싶었을 것입니다. 그러나 그렇게 하면 하나님의 섭리가 온전히 이루어질 수 없습니다. 이것이 무슨 말일까요?

야곱의 열두 아들은 장차 이스라엘 민족을 이룰 초석과 같습니다. 그런데 이들 사이에는 서로 하나 되지 못하게 하는 장벽이 있었습니다. 이들은 네 명의 여인으로부터 태어났고, 더욱이 아버지의 편애로 인해 형제간에 갈등까지 있었습니다. 급기야 형제를 종으로 파는 악행까지 저질렀지요.

물론 요셉을 종으로 판 후에 형들은 양심의 가책을 느끼고 아버지에게 죄스러운 마음도 있었습니다. 하지만 세월이 지나면서 점점 그 마음은 무디어졌습니다. 이제 요셉의 일은 더 이상 꺼내고 싶지 않은 먼 이야기가 되었습니다.

그런 형제들 사이에 진한 형제애나 단결심 같은 것이 있을 리 없습니다. 극심한 기근으로 가족 전체가 굶어 죽을 상황에서도 아버지가 말을 꺼내기 전에는 가족을 위해 누구 하나 앞장서지 않고 서로 관망만 했던 것도 이런 까닭입니다.

여기서 요셉이 무조건 용서하고 사랑을 베푼다면 어떻게 될까요? 형제들의 관계는 여전히 서먹하고 하나 되지 못한 채로 머물 수밖에 없을 것입니다. 또 과거에 자신들이 얼마나 잘못했는지 깊이 깨우치지 못하니 변화될 수 없습니다. 이런 모습이라면 비록 그들로부터 한 민족이 나온다 해도 서로 화합하기는 어렵습니다.

그러므로 하나님께서는 형제들이 요셉에게 행한 죄를 철저히 회개할 수 있는 기회를 주고자 하셨습니다. 뿐만 아니라 이를 계기로 형제간에 서로 아끼며 사랑으로 하나 되기 원하셨지요. 이는 지난날의 모든 죄와 허물을 회개하고 아무 흠 없이 새 출발을 할 수 있게 이끄시는 하나님의 사랑입니다.

요셉은 형들을 보았을 때 너무나 반가웠고 당장에라도 재회의 기쁨을 나누고 싶었지만 그렇게 하지 않았습니다. 그는 본래 정이 매우 많은데다 연단을 통해 지극히 선한 마음으로 변화되었습니다. 그러니 형들을 보았을 때 얼마나 반갑고 애틋했겠으며 아버지의 안부가 얼마나 궁금했겠습니까? 그럼에도 자신의 감정보다는 하나님 섭리를 먼저 생각했기에 절제했던 것입니다. 하나님의 주관하심에 따라 요셉은 형들을 모르는 체하고 엄한 말로 "너희가 어디서 왔느냐" 묻습니다. 형들이 아무것도 모른 채 곡물을 사려고 가나안에서 왔다고 하자, 그는 대뜸 "너희는 정탐들이라 이 나라의 틈을 엿보려고 왔느니라" 하고 몰아붙입니다.

형들의 입장에서는 청천벽력 같은 소리였습니다. 만약 형들이 요셉을 알아보았다면 그가 예전 일로 감정을 갖고 복수한다고 생각했을 것입니다. 그러나 요셉은 전혀 그럴 마음이 없었습니다.

요셉은 예전에 꾸었던 꿈이 생각났습니다. 형들의 곡식 단이 자신의 곡식 단을 둘러서서 절하고, 해와 달과 열한 별이 자신에게 절하던 꿈입니다. 하나님께서 주신 꿈임을 분명히 알고 믿었는데 과연 오랜 세월이 지난 지금 그 꿈대로 형들이 자기에게 절을 하고 있는 것이지요.

그러나 이것으로 요셉의 꿈이 완전히 이루어진 것은 아닙니다. 형들은 단지 양식을 구하려고 애굽 총리 앞에 엎드린 것뿐입니다. 하나님께서 주신 꿈을 인정하고 동생인 요셉에게 중심으로 엎드린 것이 아닙니다.

요셉은 형들이 진정으로 하나님을 인정해서 마음으로부터 굴복하기를 원하여 그들을 정탐꾼으로 몰아갔습니다. 이는 형들에게 복수하거나 높임 받고자 함이 아니라 오직 하나님의 섭리를 이루기 위함입니다. 자신을 애굽에 보내신 하나님께서 장차 이스라엘 민족을 이루시려면 형들이 철저히 회개하고 변화되어야 하기 때문입니다.

3. 형들을 삼 일간 옥에 가두는 요셉

"요셉이 그들에게 이르되 아니라 너희가 이 나라의 틈을 엿보러 왔느니라 그들이 가로되 주의 종 우리들은 십이 형제로서 가나안 땅 한 사람의 아들들이라 말째 아들은 오늘 아버지와 함께 있고 또 하나는 없어졌나이다 요셉이 그들에게 이르되 내가 너희에게 이르기를 너희는 정탐들이라 한 말이 이것이니라 너희는 이같이 하여 너희 진실함을 증명할 것이라 바로의 생명으로 맹세하노니 너희 말째 아우가 여기 오지 아니하면 너희가 여기서 나가지 못하리라 너희 중 하나를 보내어 너희 아우를 데려오게 하고 너희는 갇히어 있으라 내가 너희의 말을 시험하여 너희 중에 진실이 있는지 보리라 바로의 생명으로 맹세하노니 그리하지 아니하면 너희는 과연 정탐이니라 하고 그들을 다 함께 삼 일을 가두었더라"(42:12~17)

느닷없이 정탐꾼으로 몰린 형들은 당황하여 묻지도 않은 가족 상황까지 말합니다. 자신들이 정탐꾼이 아님을 입증하려는 것입니다. 덕분에 요셉은 지난 세월 너무나 궁금했던 아버지 야곱과 동생 베냐민 소식을 알 수 있었습니다. 아버지도 살아 계시고 베냐민도 잘 있으며 여전히 가나안 땅에 거주하고 있다는 사실을 확인하였습니다.

대략적인 상황을 파악한 요셉은 형들에게 정탐꾼이 아님을 증명하려면 막냇동생 베냐민을 데려오라 말합니다. 그가 굳이 막냇동생을 데려오라 한 데에는 이유가 있습니다.

베냐민은 같은 어머니에게서 난 혈육이니 아무래도 더욱 정이 갈 수밖에 없습니다. 요셉이 애굽에 팔려 갔을 때 베냐민은 아주 어렸습니다. 그 후 20여 년의 세월이 지났으니 동생이 형제들 틈에서 별 일 없이 잘 성장했을지 얼마나 궁금하고 보고 싶었겠습니까?

그와 동시에 형들이 어떤 반응을 보이는지 살피기 위함이었습니다. 자신을 종으로 팔았던 형들이 지금은 어떤 마음인지 간접적으로나마 알아보려는 것입니다.

이렇게 형들에게 실마리를 던져 준 요셉은 그들을 감옥에 3일 동안 가두어 둡니다. 자신들을 돌아볼 시간을 주기 위함이었습니다. 그들이 3일 동안 갇혀 있으면서 얼마나 많은 생각을 했겠습니까?

'이 일을 어떻게 해야 하나' 걱정도 되는 한편 자신들을 돌아보니 과거에 잘못했던 일들이 하나하나 떠올랐습니다. 또한 애굽의 총리라면 결코 허튼 말을 할 리가 없으니 베냐민을 데리고 오지 않으면 영락없이 정탐꾼으로 몰릴 수밖에 없는 처지임을 절감하게 됩니다. 이처럼 고심한 흔적이 3일 뒤 요셉과의 대화에서 나옵니다.

4. 너희가 독실한 자이면 말째 아우를 데리고 오라

"삼 일 만에 요셉이 그들에게 이르되 나는 하나님을 경외하노니 너희는 이같이 하여 생명을 보전하라 너희가 독실한 자이면 너희 형제 중 한 사람만 그 옥에 갇히게 하고 너희는 곡식을 가지고 가서 너희 집들의 주림을 구하고 너희 말째 아우를 내게로 데리고 오라 그리하면 너희 말이 진실함이 되고 너희가 죽지 아니하리라 그들이 그대로 하니라 그들이 서로 말하되 우리가 아우의 일로 인하여 범죄하였도다 그가 우리에게 애걸할 때에 그 마음의 괴로움을 보고도 듣지 아니하였으므로 이 괴로움이 우리에게 임하도다 르우벤이 그들에게 대답하여 가로되 내가 너희더러 그 아이에게 득죄하지 말라고 하지 아니하였느냐 그래도 너희가 듣지 아니하였느니라 그러므로 그의 피 값을 내게 되었도다 하니 피차간에 통변을 세웠으므로 그들은 요셉이 그 말을 알아들은 줄을 알지 못하였더라

요셉이 그들을 떠나가서 울고 다시 돌아와서 그들과 말하다가 그들 중에서 시므온을 취하여 그들의 목전에서 결박하고 명하여 곡물을 그 그릇에 채우게 하고 각인의 돈은 그 자루에 도로 넣게 하고 또 길 양식을 그들에게 주게 하니 그대로 행하였더라"(42:18~25)

요셉은 형들을 감옥에 가둔 지 3일 만에 불러 정탐이 아님을 증명할 길을 제시합니다. 즉 형제 중에 한 사람만 남고 나머지는 곡식을 가지고 돌아가서 가족들의 굶주림을 해결한 뒤 말째 아우를 데리고 다시 오라 하지요. 형제 중에 하나를 남긴 것은 그들에게 형제를 남의 손에 넘겨야 하는 슬픔을 느껴보게 한 것입니다.

이를 통해 형제들 사이에 얼마나 정이 있는지, 서로를 위하는 마음이 있는지를 보며, 동시에 형제를 팔아넘겼던 기억을 되살리려 한 것입니다. 형들의 입장에서는 한 사람을 남겨놓고 가야 한다는 현실이 더 마음을 괴롭게 했습니다.

상황이 이쯤 되자, 요셉의 의도대로 형들은 지난날 요셉에게 행한 죄악을 떠올리며 고백하기 시작합니다. 물론 그들은 애굽 총리가 요셉이라

는 사실을 몰랐기에 히브리 사람인 자신들의 말을 그가 알아들으리라고는 짐작도 못했습니다. 그들은 "우리가 아우의 일로 인하여 범죄하였도다 그가 우리에게 애걸할 때에 그 마음의 괴로움을 보고도 듣지 아니하였으므로 이 괴로움이 우리에게 임하도다" 고백합니다.

답답한 현실 앞에 르우벤은 "내가 너희더러 그 아이에게 득죄하지 말라고 하지 아니하였느냐 그래도 너희가 듣지 아니하였느니라 그러므로 그의 피 값을 내게 되었도다" 합니다. 그는 장자로서 요셉을 파는 일을 막지 못한 것에 대해 아무래도 가장 큰 책임을 느끼고 있었습니다.

하지만 그의 말에는 모든 것을 자기 탓으로 돌리기보다는 동생들을 탓하는 마음도 담겨 있습니다. 그러나 어쨌든 형제들은 급박한 상황에 처하자 지난날의 잘못을 돌아보며 후회합니다. 이 상황을 자신들의 악행에 대한 보응이라 여기지요.

형들 사이에 오가는 대화를 듣던 요셉은 복받쳐 오르는 감정을 참지 못하고 잠시 자리를 옮겨 울고 돌아옵니다. 모든 상황이 그가 의도한 대로 진행되고 있었습니다. 요셉은 하나님의 주관하심에 순종하여 일부러 형들을 궁지로 몰아가고 있습니다.

그러한 과정에서 형들이 어찌할 바를 몰라 하며 지난날의 잘못을 후회하는 모습을 볼 때 그의 마음이 어떠했겠습니까? 요셉은 지난 일들이 주마등처럼 스쳐 지나갔습니다. 지난 세월에 대한 감회와 함께 잘못을 깨닫고 번민하는 형들에게 애틋한 마음이 들었습니다. 형들 앞에 자신을 밝히지 못한 채 엄한 모습으로 있어야 하는 현실이 마음 아팠지요.

그는 당장에라도 형들의 잘못을 용서하고 회포를 풀고 싶었습니다. 하지만 정에 이끌리는 것은 진정 형들을 위한 길이 아님을 알았기에 애써 마음을 억누르며 형들이 하나님 앞에 지은 죄를 깨닫고 회개하도록 도와주고 있습니다.

형들이 요셉을 노예로 판 것은 단순히 그에게만 잘못한 것이 아닙니다. 아버지 야곱과 하나님 앞에도 큰 죄를 지은 것입니다.

더욱이 형들은 하나님께서 요셉에게 주신 꿈을 만홀히 여겼습니다. 요셉을 죽이면 과연 그의 꿈이 어떻게 되는지 볼 것이라 말했습니다(창 37:20). 한 마디로 그 꿈은 결코 이루어질 수 없을 것이라고 비아냥거렸지요. 하나님의 섭리 가운데 요셉에게 주신 꿈을 인정하지 않는 것은 물론, 무시하기까지 한 것입니다.

야곱의 아들들이 장차 선민 이스라엘을 이룰 초석이 되기 위해서는 이러한 죄의 담들을 헐어야 했습니다. 모든 것을 덮은 채로 그들을 통해 이스라엘 민족을 이룰 수는 없기에 하나님께서는 요셉을 주관하여 그들에게 회개할 기회를 주시는 것입니다.

요셉은 애틋한 감정을 절제하며 계속해서 형들을 궁지로 몰아갑니다. 아직 형들이 온전한 회개에 이르지 못했기에 또 한 번의 기회를 만들기 위해 그들 중 시므온을 결박하여 애굽에 남게 합니다. 그리고 시종들을 시켜 귀향하는 형들의 곡식 자루에 곡물 값으로 받은 돈을 몰래 넣게 합니다.

5. 베냐민까지 잃게 되었다고 한탄하는 야곱

"그들이 곡식을 나귀에 싣고 그곳을 떠났더니 한 사람이 객점에서 나귀에게 먹이를 주려고 자루를 풀고 본즉 그 돈이 자루 아구에 있는지라 그가 그 형제에게 고하되 내 돈을 도로 넣었도다 보라 자루 속에 있도다 이에 그들이 혼이 나서 떨며 서로 돌아보며 말하되 하나님이 어찌하여 우리에게 이 일을 행하셨는고 하고 그들이 가나안 땅에 돌아와 그 아비 야곱에게 이르러 그 만난 일을 자세히 고하여 가로되 그 땅의 주 그 사람이 엄히 우리에게 말씀하고 우리를 그 나라 정탐자로 여기기로 우리가 그에게 이르되 우리는 독실한 자요 정탐이 아니니이다

우리는 한 아비의 아들 십이 형제로서 하나는 없어지고 말째는 오늘 우리 아버지와 함께 가나안 땅에 있나이다 하였더니 그 땅의 주 그 사람이 우리에게 이르되 내가 이같이 하여 너희가 독실한 자임을 알리니 너희 형제 중 하나를 내게 두고 양식을 가지고 가서 너희 집들의 주림을 구하고 너희 말째 아우를 내게로 데려오라 그리하면 너희가 정탐이 아니요 독실한 자임을 내가 알고 너희 형제를 너희에게 돌리리니 너희가 이 나라에서 무역하리라 하더이다 하고 각기 자루를 쏟고 본즉 각인의 돈뭉치가 그 자루 속에 있는지라

그들과 그 아비가 돈뭉치를 보고 다 두려워하더니 그 아비 야곱이 그들에게 이르되 너희가 나로 나의 자식들을 잃게 하도다 요셉도 없어졌고 시므온도 없어졌거늘 베냐민을 또 빼앗아 가고자 하니 이는 다 나를 해롭게 함이로다 르우벤이 아비에게 고하여 가로되 내가 그를 아버지께로 데리고 오지 아니하거든 나의 두 아들을 죽이소서 그를 내 손에 맡기소서 내가 그를 아버지께로 데리고 돌아오리이다 야곱이 가로되 내 아들은 너희와 함께 내려가지 못하리

니 그의 형은 죽고 그만 남았음이라 만일 너희 행하는 길에서 재난이 그 몸에 미치면 너희가 나의 흰머리로 슬피 음부로 내려가게 함이 되리라"(42:26~38)

요셉의 형들은 가나안 땅으로 돌아가던 중 잠시 객점에 들릅니다. 거기서 나귀에게 먹이를 주려고 자루를 풀던 그들은 그 속에서 돈을 발견하고 모두 두려워 떨었습니다. 자신들이 애굽에 가지고 갔던 곡물 값이 고스란히 들어 있었기 때문입니다. 자칫 값도 치르지 않고 곡물을 훔쳐 간 도둑으로 몰리게 생겼지요.

일이 점점 꼬여가자, 그들은 하나님께서 왜 이와 같은 일을 허락하시는지 생각하지 않을 수 없었습니다. 그러면서 지난날의 잘못을 더 깊이 돌아보는 기회를 갖습니다.

고향에 돌아온 요셉의 형들은 그동안 있었던 일을 아버지 야곱에게 전합니다. 애굽 총리에게 막내 베냐민이 있다는 말을 해서 베냐민을 위험에 노출시키고 시므온을 남겨 두고 왔으며, 거기에다 곡물 값도 치르지 않은 도둑으로 몰릴 상황까지 빠짐없이 말했습니다. 예전처럼 숨기려 한 것이 아니라 사실대로 털어놓지요.

이는 자신들에게 돌아올 책임을 기꺼이 지겠다는 자세입니다. 비록 억울한 누명을 써서 일이 꼬였지만 어쨌든 자신들로 인해 상황이 이 지경에 이르렀음을 인정하는 것입니다.

만약 그들이 이번에도 아버지를 적당히 속여 상황을 모면하려 했다면 얼마든지 거짓말을 할 수 있습니다. "시므온은 강도를 만나 죽었다.

우리도 애굽에서 누명을 쓰고 잡혔다가 겨우 도망쳐 나왔다."고 하여 다시 애굽으로 가는 일이 생기지 않게 할 수도 있었습니다.

지금 상황에서는 베냐민을 데리고 애굽으로 갈 수 있으리라는 확신도 없습니다. 설령 그를 데려간다 해도 도둑으로 몰릴 처지이니 애굽에 다시 간다는 것은 생명의 위험이 따릅니다. 그럼에도 형들은 야곱에게 일의 전모를 진솔하게 말하고 어떻게든 시므온을 구해 보려 합니다.

특히 장자 르우벤은 "내가 그를 아버지께로 데리고 오지 아니하거든 나의 두 아들을 죽이소서 그를 내 손에 맡기소서 내가 그를 아버지께로 데리고 돌아오리이다" 말합니다. 자신의 아들들의 생명을 담보한다는 것은 베냐민을 반드시 데리고 오겠다는 확고한 다짐입니다. 이 말에는 예전에 요셉을 종으로 팔고 그가 죽은 것처럼 속여 아버지의 마음을 아프게 한 일에 대한 회개의 의미가 담겨 있습니다.

아들들의 말을 들은 야곱은 기가 막혔습니다. 이미 아들 하나를 잃었는데, 또 한 아들은 낯선 땅에 볼모로 잡혀 있다는 것입니다. 베냐민을 데리고 가서 자신들의 결백을 증명하고 시므온을 되찾아 오겠다 하지만 이는 말처럼 쉬운 일이 아닙니다. 자칫 베냐민마저도 생명이 위태로울 수 있으니 야곱은 슬픔으로 탄식할 수밖에 없었습니다.

이런 아버지의 모습을 본 아들들의 마음은 어떠했을까요? 자신들의 과오를 돌아보며 더욱 깊이 회개할 수밖에 없었습니다. 이처럼 형제들은 지난날의 잘못으로 인해 심히 번민하면서 보응을 받아갑니다.

야곱은 르우벤의 간청에도 선뜻 베냐민을 내줄 수 없었습니다. 만일 애굽에 갔다가 그마저 요셉처럼 무슨 일을 당한다면 자신은 살 소망이 끊어져 죽고 말 것이라 합니다. 아버지의 강경한 태도에 아들들은 어쩔 수가 없었습니다. 결국 이러지도 저러지도 못한 채 시간만 흘러갑니다.

Joseph

Chapter 5

베냐민을 데리고 다시 애굽으로

베냐민을 허락지 않는 야곱을 설득하는 유다

베냐민을 데리고 애굽에 간 요셉의 형들

애굽 총리 집으로 인도받고 두려워하는 형제들

베냐민을 만난 요셉, 감사의 눈물을 흘리다

정확한 질서와 도리를 좇아 행하는 요셉

1. 베냐민을 허락지 않는 야곱을 설득하는 유다

"그 땅에 기근이 심하고 그들이 애굽에서 가져온 곡식을 다 먹으매 그 아비가 그들에게 이르되 다시 가서 우리를 위하여 양식을 조금 사라 유다가 아비에게 말하여 가로되 그 사람이 엄히 우리에게 경계하여 가로되 너희 아우가 너희와 함께하지 아니하면 너희가 내 얼굴을 보지 못하리라 하였으니 아버지께서 우리 아우를 우리와 함께 보내시면 우리가 내려가서 아버지를 위하여 양식을 사려니와 아버지께서 만일 그를 보내지 않으시면 우리는 내려가지 아니하리니 그 사람이 우리에게 말하기를 너희 아우가 너희와 함께하지 아니하면 너희가 내 얼굴을 보지 못하리라 하였음이니이다

이스라엘이 가로되 너희가 어찌하여 너희에게 오히려 아우가 있다고 그 사람에게 고하여 나를 해롭게 하였느냐 그들이 가로되 그 사람이 우리와 우리의 친족에 대하여 자세히 힐문하여 이르기를 너희 아버지가 그저 살았느냐 너희에게 아우가 있느냐 하기로 그 말을 조조이 그에게 대답한 것이라 그가 너희 아우를 데리고 내려오라 할 줄을 우리가 어찌 알았으리이까

유다가 아비 이스라엘에게 이르되 저 아이를 나와 함께 보내시면 우리가

곧 가리니 그러면 우리와 아버지와 우리 어린 것들이 다 살고 죽지 아니하리이다 내가 그의 몸을 담보하오리니 아버지께서 내 손에 그를 물으소서 내가 만일 그를 아버지께 데려다가 아버지 앞에 두지 아니하면 내가 영원히 죄를 지리이다 우리가 지체하지 아니하였더면 벌써 두 번 갔다 왔으리이다"(43:1~10)

애굽을 비롯한 근동 지방에 든 흉년은 말 그대로 대재앙이었습니다. 야곱 일가도 기근을 피해갈 수 없었습니다. 다행히 애굽에서 구해온 양식으로 한동안 끼니를 이을 수 있었지만, 얼마 지나지 않아 그마저 떨어졌습니다.

결국 어쩔 수 없다 판단한 야곱은 아들들에게 다시 애굽에 가서 양식을 사오라고 합니다. 그러면서도 여전히 베냐민을 데리고 떠나는 것만은 허락지 않습니다. 베냐민을 데리고 가지 않으면 다른 아들들에게 위험이 닥칠 수도 있음을 잘 압니다. 그럼에도 나머지 아들들에게만 위험을 무릅쓰라는 것입니다.

이에 유다가 나서서 아버지를 설득하기 시작합니다. 애굽 총리에게 자신들이 정탐꾼이 아님을 입증하려면 반드시 베냐민과 함께 가야 한다는 것입니다. 그렇지 않으면 어차피 애굽 총리를 만날 수 없으니 양식도 구하지 못할 것이라 합니다. 더욱이 지난번에 곡물 값으로 지불한 돈이 고스란히 자루에 넣어져 있었기 때문에 자신들끼리만 가면 영락없이 도둑으로 몰려 생명까지 위태로울 수 있음을 설명합니다.

야곱이 이러한 상황을 모를 리 없지만 그렇다고 선뜻 베냐민을 내줄 수는 없었습니다. 이러지도 저러지도 못하던 야곱은 오히려 아들들을 탓합니다. 어찌하여 아우가 있다고 말해 일을 이 지경으로 만들었느냐는 것이지요. 막냇동생이 있다는 말만 하지 않았어도 이런 일은 없었을 것이라며 모든 책임을 아들들에게 돌립니다.

야곱은 베냐민에 대한 애착으로 인해 더 큰 것을 보지 못하고 있습니다. 아무리 베냐민을 사랑한다 해도 지금은 자칫 가족 전체가 굶어 죽을 수도 있는 상황입니다. 베냐민을 애굽으로 보내 양식을 구하고 갇혀 있는 시므온을 데려오는 것이 가장으로서 가져야 할 더 크고 넓은 마음입니다.

물론 그러다 보면 베냐민에게 닥칠 위험을 감수해야 합니다. 그러나 베냐민을 보호하기 위해 다른 가족의 안전과 생명에 대해서 나 몰라라 하는 것은 넓고 선한 마음이라 할 수 없습니다.

우리는 이러한 모습을 통해 야곱의 신앙을 알게 됩니다. 그가 얍복 강가에서 철저히 자신을 깨뜨리고 하나님 앞에 겸비해졌다지만 깊은 마음에는 아직 버리지 못한 육의 모습이 남아 있었습니다. 자기 입장에서만 생각하는 모습, 편협된 사랑의 모습, 남의 탓으로 돌리려는 마음과 자기 유익을 좇는 마음도 있습니다. 오늘날 성령 시대를 기준으로 볼 때 온전히 성결된 모습이 아닙니다.

아버지의 나무람에 아들들이라고 왜 할 말이 없겠습니까? 그들도 나름대로 이유가 있었습니다. 곧 애굽 총리가 먼저 가족에 대해 묻기에 대답했을 뿐, 설마 그가 베냐민을 데려오라고 할 줄을 어찌 알았겠느냐는 것입니다. 아들들의 말이 틀린 것은 아닙니다.

하지만 그들 역시 아버지 마음을 헤아려 보려고 했다면 좀 더 선한 말이 나왔을 것입니다. 사랑하는 요셉을 잃고 그나마 위안 삼고 있던 베냐민마저 잃을 상황이니 아버지의 마음이 얼마나 괴롭겠습니까? 그 마음을 헤아린다면 자신들이 신중하게 행동하지 못해서 죄송하다는 말이 먼저 나왔을 것입니다.

그러면 얼마든지 상황은 달라질 수 있었겠지요. 야곱도 답답한 마음에 아들들을 탓하기는 했지만 그들의 잘못이 아님을 잘 알고 있습니다. 그러니 아들들이 자기 탓으로 돌리며 죄송하다고 했다면 야곱도 다시 생각해 보았을 것입니다.

서로 감정싸움이 일어날 때는 먼저 상대의 감정을 풀 수 있는 선한 말 한마디가 중요합니다. 자신의 감정대로 말을 하다 보면 싸움은 점점 커지고, 상처와 감정의 골만 깊어집니다. 상대가 아무리 악한 모습으로 나온다 해도 감정을 품지 않을 뿐 아니라 마음을 풀어 줄 수 있는 선하고 감동적인 말을 한다면 누구와도 화평을 깨는 일이 없을 것입니다.

또한 양쪽의 말이 다 옳다 해도 각자 속마음은 다를 수 있습니다. 그럴듯한 명분을 내세우지만 실상은 자기 유익을 구하는 사람도 있습니다.

야곱의 아들들도 가족 전체를 생각해서 말하는 것 같지만 전적으로 그 이유만은 아니었습니다. 아버지가 베냐민도 내어주지 않고 모든 책임을 자신들에게 전가한 채 양식을 구해 오라 하니 그들 역시 마음이 불편했습니다. 그래서 아버지 말에 반박하며 자신들의 주장을 관철시키려 하는 것입니다. 더욱이 자신들이 지난날 요셉에게 행한 잘못으로 인해 보응이 임했다는 사실은 여전히 아버지에게 숨기고 있습니다.

야곱이나 그의 아들들은 서로 상대를 탓하며 자신들의 한계 안에서 해결책을 찾으려 하고 있습니다. 먼저 하나님 앞에 의뢰하여 하나님의 방법대로 풀어가야 하는데, 당장 눈앞의 현실을 바라보고 자기 입장만 생각하는 것입니다. 하지만 가족 전체의 생명이 달린 절박한 사안인 만큼 가만히 있을 수만은 없었습니다.

이에 유다가 다시 나서서 아버지를 설득합니다. “제 목숨을 걸고 베냐민을 반드시 데려오겠습니다. 만일 동생을 데리고 오지 못하면 평생을 아버지 앞에 죄인으로 살겠습니다. 그러니 베냐민을 데리고 가게 해주십시오.”라고 간청하고 나선 것입니다. 이때 “우리가 지체하지 아니하였더면 벌써 두 번 갔다 왔으리이다” 한 그의 말에서 상황이 매우 급박함을 알 수 있습니다.

2. 베냐민을 데리고 애굽에 간 요셉의 형들

“그들의 아비 이스라엘이 그들에게 이르되 그러할진대 이렇게 하라 너희는 이 땅의 아름다운 소산을 그릇에 담아가지고 내려가서 그 사람에게 예물을 삼을지니 곧 유향 조금과 꿀 조금과 향품과 몰약과 비자와 파단행이니라 너희 손에 돈을 배나 가지고 너희 자루 아구에 도로 넣여 온 그 돈을 다시 가지고 가라 혹 차착이 있었을까 두렵도다 네 아우도 데리고 떠나 다시 그 사람에게로 가라 전능하신 하나님께서 그 사람 앞에서 너희에게 은혜를 베푸사 그 사람으로 너희 다른 형제와 베냐민을 돌려보내게 하시기를 원하노라 내가 자식을 잃게 되면 잃으리로다 그 사람들이 그 예물을 취하고 갑절 돈을 자기들의 손에 가지고 베냐민을 데리고 애굽에 내려가서 요셉의 앞에 서니라”(43:11~15)

유다를 비롯한 아들들의 말에 야곱은 마침내 심경의 변화가 일어납니다. 서둘러 양식을 사오지 않으면 가족 전체의 생명이 위태롭다는 사실을 잘 알기에 다른 선택의 여지가 없었습니다.

결국 야곱은 베냐민의 동행을 허락하면서 나름대로 방법을 제시합니다. 빈손으로 애굽에 내려가지 말고 가나안 땅의 아름다운 소산을 예물로 가져가라는 것입니다. 그 예물은 유향목의 진액을 채취해 만든 유향과 꿀, 향품, 몰약, 비자, 파단행 등 매우 진귀한 것들이었습니다.

그리고 전에 자루에 넣어져 있던 곡식 값의 두 배를 다시 가지고 가라고 말합니다. 사람의 마음을 잘 아는 야곱은 이처럼 예물을 준비함으로써 애굽 총리의 마음을 누그러뜨리고, 혹시 있을지 모르는 오해를 풀어 보려 했습니다.

이는 예전에 야곱이 형 에서의 마음을 풀기 위해 사용한 방법과 동일합니다. 잠언 21장 14절에 '은밀한 선물은 노를 쉬게 한다'는 말씀처럼 이러한 방법이 때로는 효과적일 수 있습니다. 하지만 지금 야곱의 방법은 하나님을 의지하고 그분의 지혜를 구하여 나온 방법이 아닙니다. 사람의 생각에서 나온 것입니다.

예전에 그는 얍복 강가에서 하나님을 전적으로 의지한 결과, 능히 사람의 마음도 주관하시는 하나님을 체험했습니다. 장자의 축복을 빼앗긴 일로 20년간 원한이 맺혔던 형 에서의 마음을 하나님께서 하룻밤 사이 눈녹듯 풀어 주셨지요. 그러니 이런 상황에서도 하나님께서 역사하시도록 맡겼어야 합니다.

그런데 지금 야곱은 하나님을 의지한 것이 아니라 자기 경험과 생각 속에서 예물을 준비하게 했습니다. 똑같은 행함이라도 하나님을 의지하여 행한 것과, 사람의 생각과 방법으로 행한 것은 그 결과가 전혀 다릅니다.

야곱은 예물과 곡물 값을 준비하게 한 뒤에야 "전능하신 하나님께서 그 사람 앞에서 너희에게 은혜를 베푸사 그 사람으로 너희 다른 형제와 베냐민을 돌려보내게 하시기를 원하노라 내가 자식을 잃게 되면 잃으리로다" 합니다.

오늘날에도 어떤 문제를 만나면 온갖 세상 방법을 동원해 보다가 그래도 해결되지 않을 때 요행을 바라듯 하나님 앞에 나오는 사람들이 있습니다. 한편으로는 하나님 앞에 맡긴다고 기도하면서도 여전히 세상 방법을 버리지 못하는 사람도 있지요. 이런 모습은 하나님께서 보실 때 믿음이라 할 수 없습니다.

진정 믿음으로 하나님께 맡기는 사람은 응답의 확신과 함께 마음에 평안이 옵니다. 그런데 야곱은 자기 방법을 다 취해 놓고 나서야 하나님 앞에 은혜를 구합니다. 그러면서 '이렇게 했는데도 안 되면 어쩔 수 없지.' 하고 체념하듯 "내가 자식을 잃게 되면 잃으리로다" 말합니다.

하나님을 의지한다 했지만 야곱의 마음에는 믿음의 확신이나 평안이 없었습니다. 그러니 믿음 없는 고백이 나온 것입니다. 결국 요셉의 형들은 아버지의 말대로 예물과 갑절의 돈을 준비해서 베냐민과 함께 애굽으로 내려가 총리 요셉 앞에 섭니다.

3. 애굽 총리 집으로 인도받고 두려워하는 형제들

"요셉이 베냐민이 그들과 함께 있음을 보고 그 청지기에게 이르되 이 사람들을 집으로 인도해 들이고 짐승을 잡고 준비하라 이 사람들이 오정에 나와 함께 먹을 것이니라 그 사람이 요셉의 명대로 하여 그 사람들을 요셉의 집으로 인도하니 그 사람들이 요셉의 집으로 인도되매 두려워하여 이르되 전일 우리 자루에 넣여 있던 돈의 일로 우리가 끌려드도다

이는 우리를 억류하고 달려들어 우리를 잡아 노예를 삼고 우리의 나귀를 빼앗으려 함이로다 하고 그들이 요셉의 청지기에게 가까이 나아가 그 집 문 앞에서 그에게 고하여 가로되 내 주여 우리가 전일에 내려와서 양식을 사가지고 객점에 이르러 자루를 풀어본즉 각인의 돈이 본수대로 자루 아구에 있기로 우리가 도로 가져왔고 양식 살 다른 돈도 우리가 가지고 내려왔나이다 우리의 돈을 우리 자루에 넣은 자는 누구인지 우리가 알지 못하나이다

그가 이르되 너희는 안심하라 두려워 말라 너희 하나님 너희 아버지의 하나님이 재물을 너희 자루에 넣어 너희에게 주신 것이니라 너희 돈은 내가 이미 받았느니라 하고 시므온을 그들에게로 이끌어내고 그들을 요셉의 집으로 인도하고 물을 주어 발을 씻게 하며 그 나귀에게 먹이를 주더라"(43:16~24)

형들과 함께 애굽에 내려온 베냐민을 본 요셉은 청지기에게 형제들을 자신의 집으로 인도하고 함께 식사할 수 있도록 준비하라 명합니다. 아무것도 모른 채 애굽 총리의 집으로 향하는 요셉의 형제들은 앞으로 어떤 일이 일어날지 불안했습니다.

특히 곡물 값으로 치렀던 돈이 자신들의 자루 속에 들어 있던 일로 인해 어떤 오해가 있지는 않을까 걱정을 떨칠 수 없었습니다. 더욱이 영문도 모른 채 총리의 집으로 인도되었기에 두려움은 가중되었습니다. "분명 지난번 자루 안에 들어 있던 돈 때문일 거야. 이제 이들이 우리를 억류하여 노예를 삼고 나귀를 빼앗으려 하는구나." 합니다.

일이 심상치 않게 돌아가자, 형들은 청지기를 붙들고 변명하기 시작합니다. 자루 안에 돈을 누가 넣었는지 알지 못하며, 이번에 양식 살 돈은 물론 지난번에 들어 있던 돈까지 도로 가져왔다는 것입니다.

구구절절 변명하는 형들의 모습은 예전에 누명을 쓰고 감옥에 갇혀서도 변명하거나 두려워하지 않았던 요셉의 모습과 비교가 됩니다. 이것이 신앙의 차이입니다.

요셉은 보디발의 집에서 가정 총무로 있을 때 하나님 앞에 어떠한 죄도 짓지 않았기 때문에 억울한 상황에서도 담대할 수 있었습니다. 반드시 공의 가운데 '의'를 드러내시는 하나님을 믿으니 자신의 앞길을 인도해 주실 것도 전적으로 믿고 의뢰할 수 있었던 것입니다. 반면에 형들은 그렇지 못했습니다. 그들은 요셉에게 행한 일 외에도 하나님 앞에 떳떳할 수 있는 신앙이 아니었습니다.

요한일서 5장 18절에 "하나님께로서 난 자마다 범죄치 아니하는 줄을 우리가 아노라 하나님께로서 나신 자가 저를 지키시매 악한 자가 저를 만지지도 못하느니라" 말씀했습니다. 이처럼 죄가 없는 사람은 어떤 상황에서도 하나님께서 지켜 주실 것을 믿습니다. 설령 시험이 왔다 해도 축복 주시기 위한 하나님의 사랑임을 믿습니다. 그런데 요셉의 형들은 환난이나 재앙을 만났을 때 두려워할 수밖에 없는 신앙이었지요.

요셉의 시종은 두려워 떠는 그들에게 말합니다. "너희는 안심하라 두려워 말라 너희 하나님 너희 아버지의 하나님이 재물을 너희 자루에 넣어 너희에게 주신 것이니라 너희 돈은 내가 이미 받았느니라"

그리고 잡혀 있던 시므온을 데려다준 뒤 그들에게 물을 주어 발을 씻게 하고 나귀에게도 먹이를 줍니다. 염려한 것과 달리 너무나 호의적으로 그들을 맞아 준 것입니다.

4. 베냐민을 만난 요셉, 감사의 눈물을 흘리다

"그들이 여기서 먹겠다 함을 들으므로 예물을 정돈하고 요셉이 오정에 오기를 기다리더니 요셉이 집으로 오매 그들이 그 집으로 들어가서 그 예물을 그에게 드리고 땅에 엎드리어 절하니 요셉이 그들의 안부를 물으며 가로되 너희 아버지 너희가 말하던 그 노인이 안녕하시냐 지금까지 생존하셨느냐 그들이 대답하되 주의 종 우리 아비가 평안하고 지금까지 생존하였나이다 하고 머리 숙여 절하더라 요셉이 눈을 들어 자기 어머니의 아들 자기 동생 베냐민을 보고 가로되 너희가 내게 말하던 너희 작은 동생이 이냐 그가 또 가로되 소자여 하나님이 네게 은혜 베푸시기를 원하노라 요셉이 아우를 인하여 마음이 타는 듯하므로 급히 울 곳을 찾아 안방으로 들어가서 울고 얼굴을 씻고 나와서 그 정을 억제하고 음식을 차리라 하매"(43:25~31)

시종은 요셉의 형들에게 애굽 총리와 함께 식사하게 될 것을 알려 줍니다. 정오가 되어 요셉이 집으로 오자 형들은 정성스럽게 준비해 온 예물을 드리며 엎드려 절합니다. 자신들을 지극히 낮추어 총리의 마음을 얻으려 한 것입니다.

형들을 다시 만난 요셉은 먼저 아버지 야곱의 안부부터 묻습니다. "너희 아버지 너희가 말하던 그 노인이 안녕하시냐 지금까지 생존하셨느냐"고 묻지요. 지난번 만남에서 아버지가 살아 계시다는 사실을 알았지만 다시 얼마간의 시간이 지났기에 안부가 궁금했던 것입니다.

자신을 지극히 사랑해 주시던 아버지와 헤어진 지 20년이 넘었으니 얼마나 보고 싶었겠습니까? 그럼에도 요셉은 그 정을 억제하고 자신의 정체를 드러내지 않으면서 하나님의 주관하심에 순종해가고 있습니다. 가족을 섬기고 사랑하는 것은 당연한 도리이지만(딤전 5:8), 때로는 정과 욕심을 철저히 끊고 하나님의 주관하심을 따라야 합니다.

아버지 야곱의 안부를 묻는 요셉의 질문에 형들은 "주의 종 우리 아비가 평안하고 지금까지 생존하였나이다" 대답합니다. 자신들을 '주의 종'이라 낮추며 거듭 머리 숙여 절하지요.

요셉은 아버지의 안부를 확인한 후, 눈을 들어 아우 베냐민을 찾습니다. 그가 애굽에 종으로 팔려와 총리가 될 때까지 13년의 세월이 흘렀습니다. 그 후 7년의 풍년이 지나고 벌써 흉년도 2년째 접어들었으니(창 45:6), 22년 만에 동생을 만난 것입니다.

베냐민을 만난 요셉의 심경은 어떠했을까요? 헤어질 당시 어린아이였던 동생이 이제는 장성하여 눈앞에 서 있습니다. 태어나자마자 어머니를 잃은 베냐민, 그런 동생을 곁에서 지켜 주지 못했으니 얼마나 애틋한 마음이 들었겠습니까.

요셉은 베냐민을 보며 "소자여, 하나님이 네게 은혜 베푸시기를 원하노라" 합니다. 자신의 애틋한 마음이 조금이나마 전해지길 원했지요. 이때 형들에게 영적인 감각이 있었다면 이 말을 놓치지 않았을 것입니다. 애굽 총리의 입에서 이런 말이 나온다는 자체가 예사롭게 넘길 일이 아니기 때문입니다.

일전에 요셉의 형들이 처음 애굽 총리를 만났을 때도 요셉은 "나는 하나님을 경외하노니"라는 말을 했습니다. 형들로 하여금 뭔가 깨우칠 만한 실마리를 던져 준 것입니다. 그러나 형들은 그의 말을 흘려버렸습니다. 왜 그랬을까요?

형들은 그 상황을 어떻게 모면해 볼까 하는 번민으로 인해 온통 육신의 생각에 잠겨 있었습니다. 그러니 요셉의 말에서 어떤 실마리를 찾기보다는 '또 무슨 말을 할까.' 하는 걱정과 두려움이 앞섰습니다. 육신의 생각에 막혀 영적으로 깨어 있지 못했던 것입니다.

사람의 생각이 딴 곳에 있으면 아무리 답을 손에 쥐어 주어도 깨닫지 못합니다. 알아들을 수 있게 힌트를 주고, 심지어 직접적으로 말해줘도 자기 생각에 가로막혀 깨닫지 못하는 것입니다. 이처럼 육신의 생각에 잠겨 있는 사람은 영적인 깨우침이 올 수 없습니다.

동일한 내용을 듣고도 자기 생각에 맞추어 오해하고 판단하기도 합니다. 따라서 비진리에서 나오는 육신의 생각이 하나님의 뜻을 깨닫는데 얼마나 큰 장애물이 되는지 알아야 합니다.

동생 베냐민을 만난 요셉은 그동안 참았던 감정이 복받쳐 올랐습니다. 타는 듯한 마음을 가눌 길이 없어 급히 울 곳을 찾아 안방으로 들어갑니다. 그의 얼굴에는 하염없는 눈물이 흘러내렸습니다. 그토록 그리워하던 동생과 재회한 감격의 눈물이기도 하지만 무엇보다도 감사의 눈물이었습니다.

오랜 세월 형 없이도 잘 자라 준 동생이 고마웠고, 다시 만나게 된 것이 감사했습니다. 이처럼 요셉은 모든 상황을 감사의 눈으로 바라보았습니다. 결과가 좋을 때만이 아니라 매 순간 그 상황을 허락하신 하나님의 선하신 뜻을 헤아려 감사의 향을 올려 드렸습니다.

5. 정확한 질서와 도리를 좇아 행하는 요셉

"그들이 요셉에게 따로 하고 그 형제들에게 따로 하고 배식하는 애굽 사람에게도 따로 하니 애굽 사람은 히브리 사람과 같이 먹으면 부정을 입음이었더라 그들이 요셉의 앞에 앉되 그 장유의 차서대로 앉히운 바 되니 그들이 서로 이상히 여겼더라 요셉이 자기 식물로 그들에게 주되 베냐민에게는 다른 사람보다 오 배나 주매 그들이 마시며 요셉과 함께 즐거워하였더라"(43:32~34)

얼굴을 씻고 애써 감정을 추스른 요셉은 다시 형제들 앞에 나와 함께 식사를 합니다. 시중드는 사람들은 요셉과 형제들, 배식하는 애굽 사람들에게 각각 따로 음식을 차렸습니다. 애굽 사람들은 히브리 사람과 같이 먹는 것을 부정하게 여겼기 때문입니다.

이 장면만 보아도 요셉이 애굽에서 어떤 마음과 행함으로 화평을 이루었는지 알 수 있습니다. 이것이 무슨 말일까요?

요셉이 히브리 사람이라는 사실은 애굽 사람들도 알고 있습니다. 아무리 왕 다음가는 총리라도 애굽 사람들 입장에서는 히브리 사람인 요셉과 함께 음식을 먹지 않으려 했겠지요. 이때 요셉이 그들의 행동을 못마땅하게 여기고 총리로서 권세를 휘둘렀다면 그들 사이는 불편해질 수밖에 없었을 것입니다.

그러나 요셉은 권세가 있다 하여 애굽의 관습을 억지로 바꾸려 하거나 무시하지 않았습니다. 그들의 관습과 종교적인 규례를 인정하며 존중해 주었습니다. 그러면서도 하나님을 믿는 사람으로서 그들의 종교와 타협하거나 하나님을 서운케 하는 일은 하지 않았습니다.

늘 자신의 삶을 통해 하나님께 영광 돌리며 하나님의 전지전능하심을 나타내 보였습니다. 따라서 애굽 사람들도 요셉이 믿는 하나님을 인정하고 그의 말을 전적으로 신뢰하며 따랐던 것입니다.

만약 요셉이 선지자의 사명을 띠고 애굽에 하나님을 전해야 했다면 어땠을까요? 당연히 그는 아무것도 두려워 않고 담대히 하나님을 선포했을 것입니다. 때로 애굽의 관습이나 종교적인 규례에 정면으로 부딪쳐야 한다 해도 주저하지 않았겠지요.

하지만 지금 요셉의 사명은 애굽에 하나님을 전해야 하는 것도, 또 그러한 상황도 아니었기에 그들과 부딪치지 않으면서 화평을 이루었습니다. 애굽 사람들도 이처럼 자신들의 입장까지 헤아려 주는 요셉의 선하고 넓은 마음을 느꼈기에 그를 견제하거나 싫어한 것이 아니라 마음에서부터 존경하며 섬겼습니다.

요셉은 식사 자리에 형제들을 정확히 장유의 차서대로 앉힙니다. 아직 애굽 총리가 누구인지 모르는 형제들은 마치 자신들의 모든 것을 꿰뚫어 보는 듯한 그의 행동에 의아해했습니다. 그러나 그 이상의 깨달음은 없었습니다. 그저 '어떻게 우리 형제의 서열을 알았지?' 하며 이상하게 여길 뿐이었습니다.

요셉은 형제들을 왜 나이 순서대로 앉힌 것일까요? 이는 질서와 도리를 좇아 섬기고자 함이었습니다. 동복형제라 해서 베냐민만 가까이 두거나 자신과 관계가 좀 나았던 형들을 가까이 둔 것이 아니라 정확한 질서와 도리를 좇아 섬긴 것입니다. 형들에게 어떠한 악의 감정도 없었기에 이처럼 섬김의 마음으로 행했습니다. 그리고 자기 식물을 나눠 주며 호의를 베풀었습니다.

긴장이 풀린 형제들은 총리의 호의를 기쁘게 받아들이며 함께 먹고 마시며 즐거워하였습니다. 요셉은 특별히 베냐민에게 다른 형제들보다 다섯 배나 더 많은 식물을 주었습니다. 왜 그랬을까요?

비록 어쩔 수 없는 상황이었다 해도 요셉은 20년이 넘는 세월 동안 형으로서 그에게 아무것도 해준 것이 없습니다. 동생이 혼자 그 오랜 세월을 이복형들 사이에서 지내야 했던 것이 안쓰럽고 미안했습니다.

요셉은 어떻게든 그 세월을 동생에게 보상해 주고 싶었습니다. 그 마음을 형들보다 다섯 배나 더 줌으로써 표현한 것입니다. 세 배 혹은 다섯 배 이상을 줄 수도 있었으나 굳이 다섯 배를 준 이유는 마음에 그 정도면 충분하다고 여겼기 때문입니다. 자기 생각이나 육적인 정에 이끌린 것이 아니라 정확한 하나님의 주관에 따라 행한 것입니다.

여기에는 하나님께서 행한 대로 갚아 주신다는 중요한 영적인 의미도 담겨 있습니다. 형제 중 유일하게 베냐민만이 요셉을 종으로 파는 일에 가담하지 않았습니다. 물론 어려서 그 자리에 함께하지 않았기 때문이기도 하지만, 설령 함께 있었다 해도 그는 한 어머니에게서 태어난 형을 파는 일에 결코 동참하지 않았을 것입니다.

오직 베냐민만이 형제를 종으로 파는 크나큰 악에 동참하지 않았기에 하나님께서는 그를 구별하여 축복해 주셨습니다. 따라서 악에 동참하지 않는 것, 하나님 앞에 죄의 담을 만들지 않는 것이 얼마나 중요한지 깨우쳐야 합니다.

용서의 단계

사전에서 용서란 '지은 죄나 잘못에 대해 꾸짖거나 벌하지 않고 덮어 줌'이라 정의하고 있다. 성경에서 말하는 용서는 기본적으로 용서할 자를 능히 용서할 뿐 아니라 용서하지 못할 자도 용서하는 차원이다.

한번은 베드로가 예수님께 "주여 형제가 내게 죄를 범하면 몇 번이나 용서하여 주리이까? 일곱 번까지 하오리이까?"라고 여쭈었다. 사람들이 생각하는 용서는 이처럼 한계가 있다. 하지만 하나님의 용서는 다르다. 예수님께서는 "일곱 번뿐 아니라 일흔 번씩 일곱 번이라도 할지니라" 말씀하셨다. 7은 완전수로서, 일흔 번씩 일곱 번이란 무한대의 용서, 완전한 용서를 뜻한다.

용서의 정도는 사람마다 다르다. 용서한다 하지만 상대에 대한 미운 감정이 앙금처럼 남아 있는 경우도 있다. 그러나 하나님께서는 용서할 수 없는 일도 용서하시고, 용서한 후에는 기억지도 않으신다. 하나님의 사랑은 이러한 용서에서 끝나는 것이 아니라 겨우 시작이라 할 수 있다. 용서를 바탕으로 더 깊은 사랑의 단계로 들어가기 때문이다.

1. 마지못해 용서하는 단계

마음에서는 용서하고 싶지 않고 여전히 미움이 있으면서도 어쩔 수 없이 용서하는 척하는 것이다. 상대가 자신보다 윗사람이거나 어떤 도움을 받아야 하는 사람일 때는 자기 유익을 위하여 한발 물러나 용서한다고 말한다. 하지만 상대가 아랫사람이거나 자신의 유익과 상관이 없다면 경우가 다르다. 굳이 감정을 눌러 참아야 할 필요가 없다고 생각하여 쉽게 말이나 행동으로 표현하는 것을 볼 수 있다. 마지못해 용서하는 경우는 진정한 용서라고 할 수 없으며, 오히려 외식하는 것이라 할 수 있다.

2. 진리대로 행하고자 용서하는 단계

마음에서부터 온전히 상대를 용서한 것이 아니라 진리대로 행해야 한다는 것을 알기에 용서하려고 노력하는 단계이다. 이 경우는 아직 마음을 선으로 다 일군 것이 아니므로 자신이 생각하는 한계에서만 용서할 수 있다. 그 한계를 넘어갈 때는 참지 못하고 감정을 드러내고 만다. 하지만 꾸준히 진리대로 행하려고 노력하다 보면 결국 마음에서부터 용서하는 단계에 이를 수 있다.

3. 마음에서부터 용서하는 단계

상대가 자신에게 큰 해를 입혔어도 그것을 문제 삼지 않고 용서하는 단계이다. 그런데 나쁜 감정도 갖지 않고 긍휼의 마음으로 용서했는데 상대가 염치없게 더 도와달라고 한다면 너무한다는 생각이 든다. 상대를 용서하는 것만으로도 이미 충분히 은혜를 베풀었다고 생각하기 때문에 그 이상의 것을 주지 못하는 것이다.

4. 한없는 긍휼로 용서 이상을 베푸는 단계

골로새서 3장 13~14절에 "누가 뉘게 혐의가 있거든 서로 용납하여 피차 용서하되 주께서 너희를 용서하신 것과 같이 너희도 그리하고 이 모든 것 위에 사랑을 더하라 이는 온전하게 매는 띠니라" 했다. 도저히 용서할 수 없는 것을 용서하고도 그 위에 사랑을 더해 상대의 형편을 살피는 것이다. 혹여 상대가 도움을 구해도 성령이 막으시는 경우가 아니라면 주고 또 주게 된다. 그러면서도 마음에 조금의 불편함이나 나쁜 감정을 갖지 않는다. 오직 상대가 죄의 담을 헐고 하나님 앞에 인정받는 사람이 되기를 간절히 바랄 뿐이다.

우리가 하나님께 받은 은혜와 사랑을 생각한다면 용서하지 못할 사람이 없다. 그런데 무조건 용서하는 것만이 선은 아니다. 상대가 거듭거듭 용서를 받았음에도 아무런 노력도, 변화도 없다면 이는 오히려 하나님 앞에 죄의 담을 쌓아가는 것이기 때문이다. 이런 경우에는 무조건 용서하기보다 상대가 온전히 회개함으로 용서받기에 합당한 준비가 될 때까지 기다려 줘야 한다.

Joseph

Chapter 6

선한 지혜로 형들을 변화시킨 요셉

은잔을 자루에 넣고 돈도 함께 넣으라

형제들의 사랑과 우애를 시험하는 요셉

베냐민을 구하려는 유다의 간절한 호소

1. 은잔을 자루에 넣고 돈도 함께 넣으라

“요셉이 그 청지기에게 명하여 가로되 양식을 각인의 자루에 실을 수 있을 만큼 채우고 각인의 돈을 그 자루에 넣고 또 내 잔 곧 은잔을 그 소년의 자루 아구에 넣고 그 양식 값 돈도 함께 넣으라 하매 그가 요셉의 명령대로 하고 개동시에 사람들과 그 나귀를 보내니라 그들이 성에서 나가 멀리 가기 전에 요셉이 청지기에게 이르되 일어나 그 사람들의 뒤를 따라 미칠 때에 그들에게 이르기를 너희가 어찌하여 악으로 선을 갚느냐 이것은 내 주인이 가지고 마시며 늘 점치는 데 쓰는 것이 아니냐 너희가 이같이 하니 악하도다 하라

청지기가 그들에게 따라 미쳐 그대로 말하니 그들이 그에게 대답하되 우리 주여 어찌 이렇게 말씀하시나이까 이런 일은 종들이 결단코 아니하나이다 우리 자루에 있던 돈도 우리가 가나안 땅에서부터 당신에게로 가져왔거늘 우리가 어찌 당신 주인의 집에서 은, 금을 도적질하리이까 종들 중 뉘게서 발견되든지 그는 죽을 것이요 우리는 우리 주의 종이 되리이다 그가 가로되 그러면 너희 말과 같이 하리라 그것이 뉘게서든지 발견되면 그는 우리 종이 될 것이요 너희에게는 책망이 없으리라

그들이 각각 급히 자루를 땅에 내려놓고 각기 푸니 그가 나이 많은 자에게서부터 시작하여 나이 적은 자에게까지 수탐하매 잔이 베냐민의 자루에서 발견된지라 그들이 옷을 찢고 각기 짐을 나귀에 싣고 성으로 돌아오니라" (44:1~13)

요셉은 형제들을 융숭하게 대접한 후, 청지기에게 명하여 그들의 자루에 곡식을 가득 채우게 합니다. 그리고 은밀히 각 사람의 돈을 자루에 도로 넣고 특별히 베냐민의 자루에는 자신이 사용하는 은잔을 숨기게 합니다. 이런 사실을 전혀 모르는 형제들은 아침이 밝자 양식을 챙겨 기쁜 마음으로 고향을 향해 떠납니다.

애초 자신들의 걱정과는 달리 아무런 해도 받지 않고, 억류되어 있던 시므온까지 되찾아 돌아가는 길입니다. 그러나 기쁨도 잠시, 그들이 성을 멀리 떠나기도 전에 애굽 총리의 청지기가 급히 뒤따라옵니다. 그러고는 "너희가 어찌하여 악으로 선을 갚느냐?"며 영문도 모르는 말을 합니다. 그들이 총리의 집에서 도적질을 했다는 것입니다.

졸지에 도둑으로 몰린 형제들은 어안이 벙벙했습니다. 전에 자루에 있던 돈까지 도로 가져온 자신들이 어찌 도적질했겠느냐며 결백을 주장합니다. 또 '훔친 물건이 누구에게서 발견되든지 그는 죽을 것이며 자신들은 종이 되겠다'고 말합니다. 훔친 사람은 물론 자신들도 연대책임을 지겠다는 말이지요. 하지만 청지기는 은잔을 훔친 사람 외에는 책임을 묻지 않겠다고 합니다.

형제들은 망설임 없이 자루를 땅에 내려놓았고 청지기는 연장자부터 차례대로 조사를 시작합니다. 그런데 이것이 어찌 된 일입니까? 막내 베냐민의 자루에서 총리의 은잔이 나온 것입니다. 뜻밖의 상황에 형제들은 모두 사색이 되었습니다.

아버지가 그토록 보내지 않으려 한 베냐민을 유다가 자기 목숨을 담보로 데리고 왔는데 이제 그를 데리고 돌아갈 수 없게 된 것입니다. 명백한 증거까지 나왔으니 형제들은 어쩔 수 없이 발걸음을 돌려 다시 애굽 총리의 집으로 향합니다.

2. 형제들의 사랑과 우애를 시험하는 요셉

"유다와 그 형제들이 요셉의 집에 이르니 요셉이 오히려 그곳에 있는지라 그 앞 땅에 엎드리니 요셉이 그들에게 이르되 너희가 어찌하여 이런 일을 행하였느냐 나 같은 사람이 점 잘 칠 줄을 너희가 알지 못하느냐 유다가 가로되 우리가 내 주께 무슨 말을 하오리이까 무슨 설명을 하오리이까 어떻게 우리의 정직을 나타내리이까 하나님이 종들의 죄악을 적발하셨으니 우리와 이 잔이 발견된 자가 다 내 주의 종이 되겠나이다 요셉이 가로되 내가 결코 그리하지 아니하리라 잔이 그 손에서 발견된 자만 나의 종이 되고 너희는 평안히 너희 아버지께로 도로 올라갈 것이니라"(44:14~17)

요셉은 이미 집에서 그들을 기다리고 있었습니다. 억울하게 누명을 쓰고 잡혀 온 형제들은 애굽 총리 앞에 엎드립니다. 요셉은 모르는 척하며 형제들에게 "너희가 어찌하여 이런 일을 행하였느냐"고 호통을 쳤습니다.

베냐민의 자루에서 은잔이 발견되었으니 형제들은 변명할 여지가 없었습니다. 그러나 고향에서 기다리고 계실 아버지를 생각하니 어떻게 해서든 베냐민을 구해야 한다는 마음이 절실했습니다.

이때 유다가 나서서 "우리가 내 주께 무슨 말을 하오리이까 무슨 설명을 하오리이까 어떻게 우리의 정직을 나타내리이까 하나님이 종들의 죄악을 적발하셨으니 우리와 이 잔이 발견된 자가 다 내 주의 종이 되겠나이다" 말합니다. 그는 결백을 증명할 길이 없음을 안타까워하며 '이 모든 것이 전에 자신들이 행한 죄악에 대해 하나님께서 갚으시는 것'이라 고백합니다.

그러면서 예전에 요셉이 그들에게 애걸하여도 무시한 채 상인들에게 팔아 버렸던 상황을 떠올렸습니다. 자신들이 억울한 누명을 쓰자, 지난날 종으로 팔려가던 요셉의 심정을 느껴보게 되었지요. 또한 반드시 행한 대로 보응을 받는다는 공의를 마음에 각인하게 되었습니다.

하지만 이제 와서 깨우치고 후회한다 해도 돌이킬 수 없는 상황입니다. 자신들이 말한 대로 형제 모두가 애굽 총리의 종이 되어야 할 처지에 놓인 것입니다.

그런데 예상과 달리 애굽 총리는 은잔이 발견된 사람, 즉 베냐민만 종이 되고 나머지는 모두 고향으로 돌아가라고 합니다. 이때 형들은 어떻게 반응했을까요?

아마 예전의 형들이라면 잘되었다고 생각했을 것입니다. 물론 아버지께 베냐민을 무사히 데리고 오겠다고 한 약속은 지킬 수 없게 되었지만 어떻게든 둘러대며 아버지를 속이려 했겠지요. 형제 모두가 종이 될 뻔

한 상황에서 베냐민만 종으로 남게 된 것을 다행이라 생각하면서 말입니다. 그런데 이번에는 형들의 태도가 달랐습니다.

3. 베냐민을 구하려는 유다의 간절한 호소

"유다가 그에게 가까이 가서 가로되 내 주여 청컨대 종으로 내 주의 귀에 한 말씀을 고하게 하소서 주의 종에게 노하지 마옵소서 주는 바로와 같으심이니이다 이전에 내 주께서 종들에게 물으시되 너희는 아비가 있느냐 아우가 있느냐 하시기에 우리가 내 주께 고하되 우리에게 아비가 있으니 노인이요 또 그 노년에 얻은 아들 소년이 있으니 그의 형은 죽고 그 어미의 끼친 것은 그뿐이므로 그 아비가 그를 사랑하나이다 하였더니 주께서 또 종들에게 이르시되 그를 내게로 데리고 내려와서 나로 그를 목도하게 하라 하시기로 우리가 내 주께 말씀하기를 그 아이는 아비를 떠나지 못할지니 떠나면 아비가 죽겠나이다 주께서 또 주의 종들에게 말씀하시되 너희 말째 아우가 너희와 함께 내려오지 아니하면 너희가 다시 내 얼굴을 보지 못하리라 하시기로 우리가 주의 종 우리 아비에게로 도로 올라가서 내 주의 말씀을 그에게 고하였나이다

그 후에 우리 아비가 다시 가서 곡물을 조금 사오라 하시기로 우리가 이르되 우리가 내려갈 수 없나이다 우리 말째 아우가 함께 하면 내려가려니와 말째 아우가 우리와 함께 함이 아니면 그 사람의 얼굴을 볼 수 없음이니이다 주의 종 우리 아비가 우리에게 이르되 너희도 알거니와 내 아내가 내게 두 아들을 낳았으나 하나는 내게서 나간 고로 내가 말하기를 정녕 찢겨 죽었다 하고 내가 지금까지 그를 보지 못하거늘 너희가 이도 내게서 취하여 가려한즉 만일 재해가 그 몸에 미치면 나의 흰머리로 슬피 음부로 내려가게 하리라 하니 아비

의 생명과 아이의 생명이 서로 결탁되었거늘 이제 내가 주의 종 우리 아비에게 돌아갈 때에 아이가 우리와 함께하지 아니하면 아비가 아이의 없음을 보고 죽으리니 이같이 되면 종들이 주의 종 우리 아비의 흰머리로 슬피 음부로 내려가게 함이니이다

주의 종이 내 아비에게 아이를 담보하기를 내가 이를 아버지께로 데리고 돌아오지 아니하면 영영히 아버지께 죄를 지리이다 하였사오니 청컨대 주의 종으로 아이를 대신하여 있어서 주의 종이 되게 하시고 아이는 형제와 함께 도로 올려 보내소서 내가 어찌 아이와 함께하지 아니하고 내 아비에게로 올라갈 수 있으리이까 두렵건대 재해가 내 아비에게 미침을 보리이다"(44:18~34)

형제들의 눈에는 요셉의 존재가 '애굽 왕 바로'와 같았습니다. 바로의 권한을 위임받아 총리의 직무를 수행하는 요셉이 바로와 같이 절대적인 권세를 가진 존재로 보였기 때문입니다. 그런 요셉 앞에 유다가 다시 한 번 나섰습니다. 그는 자신을 종으로 낮추며 공손한 말로 설명하기 시작합니다.

먼저 그들이 지난번 곡식을 사러 왔을 때 정탐꾼으로 몰렸던 일, 정탐꾼이 아님을 증명하려면 막냇동생을 애굽으로 데려오라 한 일을 상기시켰습니다. 그러나 아버지에게는 베냐민의 존재가 목숨 같아서 그를 데리고 오는 것이 쉽지 않았음을 설명합니다.

또한 만약 베냐민을 다시 고향으로 데려가지 못한다면 늙은 아버지는 가슴을 찢으며 슬퍼하다가 결국 삶을 놓아버릴 것이라 말합니다. 그리고 자신이 대신 종으로 남겠으니 베냐민은 고향으로 돌려보내 달라고 간곡히 부탁합니다. 그의 말 속에는 베냐민을 걱정하는 마음과 함께 아

버지와의 약속을 지키려는 마음, 또한 약속을 지키지 못했을 경우 아버지가 받을 고통에 대한 진심 어린 염려가 담겨 있었습니다.

이런 유다의 말을 통해 형들이 예전의 모습이 아님을 알 수 있습니다. 어린 요셉을 종으로 팔아넘기고 거기다가 아버지까지 속였던 예전의 모습이 아니었지요. 일전에 시므온을 남겨 두고 고향으로 돌아가야 했을 때도 고통스러웠지만, 지금 베냐민만 남겨 두고 간다는 것은 도저히 양심에서 허락되지 않았습니다.

더 이상 아버지를 속일 마음도, 형제를 희생하면서까지 자기들만 살겠다는 마음도 없었습니다. 그러기에 유다는 자신이 종으로 남는다면 어떤 삶을 살게 될지 불보듯 뻔히 알면서도 기꺼이 베냐민을 대신하겠다고 자청한 것입니다.

요셉은 위로부터 받은 지혜와 명철로 형들이 지난날의 잘못을 마음에서 철저히 깨닫고 회개하도록 이끌어갔습니다. 이것이 진정 그들을 위한 길이고 사랑이었습니다.

만약 이 과정이 없었으면 어땠을까요? 형들은 평생 죄의 담을 가지고 있으면서도 깨닫지 못한 채 살았을 것입니다. 비록 지금은 어려움을 당하여 고통 속에 있지만 이 시간을 통해 하나님과 요셉 앞에 회개할 수 있었으니 이것이 그들에게는 큰 축복이었습니다.

예전에는 피를 나눈 형제 사이인데도 시기 질투하며 자기 입장만 생각했습니다. 물론 요셉이 들레며 형들의 잘못을 아버지께 고하는 등 미움 받을 행동을 했습니다. 하지만 그렇다 해서 그를 죽이려 했고, 그토록 애원하는데도 노예로 팔아버렸으니 그들의 마음이 얼마나 악합니까. 뿐만 아니라 아버지가 고통받으며 괴로워할지를 알면서도 요셉이 짐승에게 찢겨 죽었다고 속였습니다. 그들은 이러한 큰 악을 20년이 넘도록 덮어둔 채 살았습니다.

물론 그들 중에는 양심의 가책을 느끼는 사람도 있었겠지만 하나님께서 연단을 허락하시기 전까지는 자신들이 행한 악에 대해 자백하고 회개할 마음은 아니었습니다. 이들에게 형제간의 우애나 아버지 야곱을 마음 중심으로 위하며 섬기는 마음을 기대하기란 어렵습니다.

만일 이러한 연단 없이 그들을 통해 이스라엘 민족을 이루었다면 어떻게 되겠습니까? 서로 견제와 시기, 질투 가운데 결코 하나 된 모습이 나올 수 없을 것입니다. 어려움에 직면했을 때 희생하고 양보하기보다 자기 유익만을 구했겠지요.

하지만 이제는 서로 양보하며 희생할 줄도 알고, 설령 누구 한 사람에게 사랑과 축복이 더 많이 간다 해도 불평하는 것이 아니라 이해하며 화평을 좇는 모습이 되었습니다. 아버지 야곱에 대해서도 질서를 좇아 순종하며 마음에서부터 공경할 수 있게 되었습니다.

요셉이 처음부터 자신의 정체를 밝히고 육적인 정에 이끌려 형들을 대했다면 이러한 변화는 없었을 것입니다. 그가 절제와 오래 참음으로 하나님의 주관하심에 순종하였기에 변화를 이끌어 낼 수 있었습니다.

요셉은 자신들의 잘못을 철저히 깨닫고 마음 중심에서 회개하는 형들을 보면서 너무나 기뻤습니다. 더욱이 베냐민을 대신해 희생하려는 마음까지 된 것을 보면서 그동안 눌러 참았던 감정이 복받쳐 올랐습니다. 이제 때가 되었음을 느낍니다. 자신의 정체를 밝히고 그토록 원하던 재회의 감격을 마음껏 나눌 수 있는 순간이 다가온 것입니다.

이처럼 하나님 일에는 '때'가 있고 하나님의 주관하심에 순종하면 반드시 좋은 열매를 거둘 수 있습니다. 그러나 일반적으로 사람들은 당장 눈앞의 유익과 자기감정을 앞세우기 때문에 때를 기다리지 못하고 일을 그르치는 경우가 많습니다.

우리는 요셉을 통해 '때를 기다리는 것'과 '하나님의 주관하심에 순종하는 것'이 얼마나 중요한지 깨달을 수 있습니다. 그런데 그 '때'라는 것도 모든 것이 공의에 맞아야 합니다. 형들의 회개가 부족하거나 마음 중심에서 나오는 참된 회개가 아니었다면 하나님께서는 여전히 요셉의 마음을 주관하지 않으셨을 것입니다.

결국은 이 '때'도 사람 편에서 어떻게 하느냐에 달려 있습니다. 만약 형들이 여전히 잘못을 회개하지 않고 자기 안위만 생각했다면 '때'는 더 미뤄질 수밖에 없습니다. 반대로 처음 애굽에 왔을 때 하나님 마음에 흡족하실 만큼 확실하게 회개하고 돌이켰다면 '때'를 앞당길 수도 있었을 것입니다.

Joseph

Chapter 7

나는 요셉이라, 속히 모시고 내려오소서

나를 이곳에 팔았으므로 근심하지 마소서

하나님이 애굽 온 땅의 치리자를 삼으셨나이다

너희 아비와 너희 가속을 이끌고 내게로 오라

이스라엘이 가로되 내가 죽기 전에 가서 그를 보리라

1. 나를 이곳에 팔았으므로 근심하지 마소서

"요셉이 시종하는 자들 앞에서 그 정을 억제하지 못하여 소리 질러 모든 사람을 자기에게서 물러가라 하고 그 형제에게 자기를 알리니 때에 그와 함께 한 자가 없었더라 요셉이 방성대곡하니 애굽 사람에게 들리며 바로의 궁중에 들리더라 요셉이 그 형들에게 이르되 나는 요셉이라 내 아버지께서 아직 살아 계시니이까 형들이 그 앞에서 놀라서 능히 대답하지 못하는지라

요셉이 형들에게 이르되 내게로 가까이 오소서 그들이 가까이 가니 가로되 나는 당신들의 아우 요셉이니 당신들이 애굽에 판 자라 당신들이 나를 이곳에 팔았으므로 근심하지 마소서 한탄하지 마소서 하나님이 생명을 구원하시려고 나를 당신들 앞서 보내셨나이다"(45:1~5)

요셉은 더 이상 정을 억제하지 못하고 다급히 주변 사람들을 물러가게 합니다. 그리고 형제들에게 자기를 알리며 방성대곡합니다. 막상 자신의 정체를 밝히고 형제들과 마주하니 그동안 묻어 두었던 기억들이 하나하나 떠올랐습니다. 자신이 당한 일이 억울해 형들에 대해 분한 감

정이 일어난 것이 아닙니다. 지금에 이르기까지 함께해 주신 하나님의 손길과 그에 대한 감사였습니다. 오늘날 축복의 열매로 나오기까지 너무나 섬세하게 인도하신 하나님의 사랑과 축복을 생각하니 하염없이 눈물이 흘러내렸습니다.

한시도 잊을 수 없었던 아버지와 형제들에 대한 그리움, 특히 베냐민에 대한 애틋한 마음이 한꺼번에 밀려오니 요셉은 감정을 주체할 수가 없었습니다. 너무나 보고 싶고 함께하고 싶었지만 오랜 세월 묻어 두어야 했던 감정을 이제 더는 억제할 필요가 없었지요. 그 애절한 마음이 얼마나 크고 진했던지 요셉의 방성대곡이 애굽 사람들과 바로의 궁에까지 들렸습니다.

요셉은 형제들에게 자신을 알리기 전 주변 사람들을 내보냈는데, 여기서도 그의 넓은 마음을 엿볼 수 있습니다. 요셉과 시종들의 사이는 단순한 주종관계가 아니었습니다. 요셉 편에서는 늘 아랫사람을 살피고 마음 다해 그들을 섬겼으며 힘들게 하거나 부담을 주지 않았습니다. 그러니 시종들 역시 마음 중심에서 그를 섬기며 어떻게든 맞춰 드리고자 했습니다.

만일 이러한 시종들이 보는 앞에서 요셉이 감정을 주체하지 못하고 방성대곡한다면 어땠을까요? 이를 지켜보는 시종들로서는 참으로 민망하여 안절부절못했을 것입니다. 요셉은 그들에게 어떤 부담도 주지 않으려고 먼저 그들을 물러가게 한 뒤 형제들과 마음껏 재회의 기쁨을 나누고자 했습니다. 아랫사람에게조차 그 입장을 헤아리며 유익을 구해 주려는 마음이었던 것입니다.

요셉이 시종들을 물러가게 한 또 다른 이유는 형들의 입장도 생각했기 때문입니다. 형들로서는 애굽 총리가 다름 아닌 요셉이라는 사실을 알았을 때 충격이 얼마나 컸겠습니까? 설령 그가 죽지 않았다 해도 지금쯤 어디선가 노예로 살 것이라 생각했는데 이렇게 살아 있고, 그것도 애굽 총리가 되어 눈앞에 서 있으니 말입니다.

어리둥절한 형들은 요셉을 애굽 총리로 대할 수도, 그렇다고 동생으로 대할 수도 없는 난감한 상황입니다. 이런 모습을 시종들까지 지켜보고 있다면 형들은 더더욱 어떤 말도 하기가 어려웠을 것입니다. 충격을 받은 데다 주변의 눈치까지 봐야 하니 어찌 편하게 말을 하겠습니까?

이러한 형들의 입장까지 생각해서 요셉은 시종들을 물러가게 한 것입니다. 마음껏 재회의 기쁨을 나누면서 형들에게도 편안한 분위기를 만들어 주고 싶었던 것이지요.

요셉은 형들에게 아버지의 안부를 묻습니다. 그런데 형들은 너무나 놀란 나머지 아무 말도 하지 못합니다. 이 순간 그들의 마음에는 여러 감정이 복합적으로 작용하고 있었습니다.

사실 애굽 총리의 정체를 알기 전까지 그들은 '이제 모든 것이 끝이구나!' 하는 절망적인 상황이었습니다. 그런데 자신들의 생사를 쥐고 있는 애굽 총리가 동생 요셉이라는 사실에 한편으로는 안도했습니다. 상황이 극적으로 풀어질 수 있다는 희망이 생겼기 때문입니다.

하지만 그것도 잠시, 이내 자신들이 요셉에게 행한 일들이 떠오르며 또 다른 염려와 불안이 엄습했습니다. '혹시 요셉이 그 일로 복수라도 하면 어쩌나?' 하는 두려움이었습니다.

이를 헤아린 요셉은 먼저 형들의 불안한 마음을 풀어 주고자 합니다. 그들을 가까이 오게 한 후에 "나는 당신들의 아우 요셉이니 당신들이 애굽에 판 자라 당신들이 나를 이곳에 팔았으므로 근심하지 마소서 한탄하지 마소서" 합니다. '당신들이 애굽에 판 자라' 한 것은 원망이나 분노의 마음에서 나온 말이 아닙니다. 오랜 세월이 지나 자신을 알아보지 못하는 형들의 기억을 되살리기 위한 말이었습니다.

형들을 안심시킨 요셉은 이 모든 일에 담긴 하나님의 섭리를 설명합니다. "하나님이 생명을 구원하시려고 나를 당신들 앞서 보내셨나이다" 했지요. 얼마나 감동적인 고백입니까? 악은 모양도 없는 지극히 선한 마음에서 나올 수 있는 말입니다.

감사의 눈으로, 어떻게든 하나님의 선하신 뜻을 찾으면 하나님 뜻과 섭리가 보이며 그로 인해 더욱 감사할 수 있습니다. 그러기 위해서는 무엇보다 마음에 악이 없어야 합니다.

요셉이 형들을 용서할 마음이 아니었다면 결코 하나님의 선하신 뜻이 보이지 않았을 것입니다. 미움과 복수심에 불타 하나님께서 왜 자신을 애굽에 보내어 총리의 자리에 오르게 하셨는지 그 섭리를 깨달을 수 없었겠지요.

그러나 그는 이미 형들을 용서했고 오직 하나님만을 의지했습니다. 하나님께서 자신의 삶을 인도하실 것을 늘 믿음의 눈으로 바라보았습니다. 그랬기에 하나님의 선하신 뜻과 섭리가 깨달아졌고 지금 형들에게 그것을 말해 주고 있는 것입니다. 단순히 지난 일로 염려하지 않도록 미음을 풀어 주는 차원을 넘어 '오히려 그 일이 있었기 때문에 지금의 축복된 상황을 맞았다.'고 위로하고 있습니다. 용서를 넘어 적극적인 선으로 상대를 감동시키는 차원입니다.

보통 사람 같으면 자신을 죽이려 하고 종으로 팔아버린 형들에게 앙심을 품고 복수하려 했을 것입니다. 또는 용서하는 척해도 자신의 성공을 뽐내며 그들을 무시할 수 있습니다. 하지만 요셉은 그렇지 않았습니다. 형들을 마음 중심에서 용서했고, 나아가 그들을 위로하며 감동을 줄 수 있는 깊은 선의 마음을 소유했습니다. 그러기에 하나님께서 그를 택하여 섭리를 이루어 가셨던 것입니다.

2. 하나님이 애굽 온 땅의 치리자를 삼으셨나이다

"이 땅에 이 년 동안 흉년이 들었으나 아직 오 년은 기경도 못하고 추수도 못할지라 하나님이 큰 구원으로 당신들의 생명을 보존하고 당신들의 후손을 세상에 두시려고 나를 당신들 앞서 보내셨나니 그런즉 나를 이리로 보낸 자는 당신들이 아니요 하나님이시라 하나님이 나로 바로의 아비를 삼으시며 그 온 집의 주를 삼으시며 애굽 온 땅의 치리자를 삼으셨나이다

당신들은 속히 아버지께로 올라가서 고하기를 아버지의 아들 요셉의 말에 하나님이 나를 애굽 전국의 주로 세우셨으니 내게로 지체 말고 내려오사 아버지의 아들들과 아버지의 손자들과 아버지의 양과 소와 모든 소유가 고센 땅에 있어서 나와 가깝게 하소서 흉년이 아직 다섯 해가 있으니 내가 거기서 아버지를 봉양하리이다 아버지와 아버지의 가속과 아버지의 모든 소속이 결핍할까 하나이다 하더라 하소서

당신들의 눈과 내 아우 베냐민의 눈이 보는바 당신들에게 이 말을 하는 것은 내 입이라 당신들은 나의 애굽에서의 영화와 당신들의 본 모든 것을 다 내 아버지께 고하고 속히 모시고 내려오소서 하며 자기 아우 베냐민의 목을 안고 우니 베냐민도 요셉의 목을 안고 우니라 요셉이 또 형들과 입맞추며 안고 우니 형들이 그제야 요셉과 말하니라"(45:6~15)

어찌할 바를 모르는 형들에게 요셉은 하나님의 섭리에 대해 구체적으로 깨우쳐 줍니다. 당시 애굽은 7년간의 풍년이 지나고 2년째 흉년이 이어지고 있었습니다. 극심한 흉년이 아직 5년이나 더 남아 있었지요. 주변 나라에서는 이미 양식이 고갈되어 애굽으로 양식을 사러 오는 형편입니다. 야곱의 가족도 예외는 아니었습니다.

앞으로 5년간 더 흉년이 이어진다면 그들 역시 견뎌내기 힘들 것입니다. 설령 살아남는다 해도 황폐한 땅에서 가세를 다시 일으키기란 쉽지 않습니다. 모든 일을 아시는 하나님께서는 요셉을 먼저 애굽에 보내 가족 전체를 구할 수 있도록 길을 예비하신 것입니다.

야곱을 이스라엘의 조상으로 세우시고 그의 열두 아들을 통해 선민 이스라엘을 이루는 것이 하나님의 섭리입니다. 이러한 섭리를 온전히 성취하기 위해 하나님께서는 사람의 지혜와 방법을 뛰어넘는 놀라운 지혜와 방법으로 그 길을 예비해 두셨습니다. 바로 요셉을 미리 애굽으로 보내 총리로 세우는 것입니다.

그런데 사람의 방법으로는 단기간에 요셉을 애굽 총리로 세우는 일이 쉽지 않습니다. 불가능에 가깝지요. 그렇나 해서 하나님께서 공의를 이기면서 단번에 애굽 총리로 세울 수는 없기 때문에 하나님의 방법대로 역사하신 것입니다. 요셉은 하나님의 선하신 뜻을 믿으며 모든 연단을 감사로 이기고 애굽의 총리가 되면서 이러한 하나님의 뜻과 섭리를 더욱 밝히 깨우치게 된 것입니다.

형들을 만난 요셉은 하나님의 섭리를 구체적으로 깨우쳐 주며 그들을 향한 하나님의 사랑을 전달합니다. "하나님이 큰 구원으로 당신들의 생명을 보존하고 당신들의 후손을 세상에 두시려고 나를 당신들 앞서 보내셨나니 그런즉 나를 이리로 보낸 자는 당신들이 아니요 하나님이시라 하나님이 나로 바로의 아비를 삼으시며 그 온 집의 주를 삼으시며 애굽 온 땅의 치리자를 삼으셨나이다"

이는 극심한 기근에서 아버지 야곱과 가족을 구하기 위해 하나님께서 자신을 미리 애굽에 보내 존귀한 자리에 세우셨다는 말입니다. 하지만 단순히 그들을 기근에서 건지려는 목적만 있었던 것이 아닙니다. 야곱 일가를 통해 한 민족이 형성되기 위해서는 주변 여러 민족들로부터 갖가지 위협을 이겨내야 하기에 애굽이라는 강대국의 보호막 아래 두신 것입니다. 그들이 기근을 넘기고 장차 한 민족으로 온전히 서기까지 울타리가 되어 줄 수 있는 가장 알맞은 환경을 마련해 주신 것이지요.

진정 하나님을 경외하며 믿고 의지하는 사람은 어떠한 연단 중에도 하나님 뜻과 섭리를 깨닫고자 하며 그것이 드러나기까지 잠잠히 기다릴 줄 압니다. 그랬을 때 결국 하나님의 뜻과 섭리가 드러나고 하나님께 영광 돌릴 수 있습니다.

요셉 역시 하나님의 뜻과 섭리를 믿었기에 연단 중에도 감사하며 잠잠히 기다렸고 마침내 하나님의 영광을 나타내게 되었습니다. 여기서 중요한 것은 요셉처럼 영광이 주어질 때 그것을 온전히 하나님께만 돌릴 수 있어야 한다는 점입니다.

혹여 자신을 드러내려 하거나 그 영광을 사사로이 누리고자 한다면 하나님께 쓰임 받을 수 없습니다. 설령 쓰임 받는다 해도 결국 변질되므로 버림 받을 수도 있습니다. 그러므로 스스로 "이루었다." 생각해서는 안 되며(고전 10:12), 자신은 오직 하나님 영광을 위한 도구일 뿐이라는 마음이 변함없어야 합니다(갈 1:24).

요셉은 총리의 자리에 오른 것이 스스로 잘나서도, 영광을 얻기 위해서도 아님을 분명히 알았습니다. 그렇기에 칭송을 받으려 하지 않았고 오직 하나님 섭리를 이뤄 드림으로 하나님의 영광을 나타내려는 마음이었습니다. 그가 아버지와 가족을 애굽으로 불러들여 부양하려 한 것도 사사로운 정이나 욕심 때문이 아닙니다.

물론 요셉은 하나님께서 자신에게 주신 축복을 가족과 함께 나누길 원했습니다. 이는 사심에서 비롯된 것이 아닙니다. 이 축복을 바탕으로 한 민족을 일으키려는 하나님 섭리를 이루기 위함입니다. 이처럼 상대에게 선을 베풀고 축복을 함께 나눈다 해도 사적인 감정을 좇아 하는 것과 하나님의 뜻을 좇아 하는 것은 전혀 다릅니다.

하나님의 섭리를 온전히 이루기 위해 요셉은 형들에게 속히 아버지 야곱에게 가서 자신의 소식을 전하라고 낭부합니다. 하나님께서 자신을 애굽 총리로 세우신 것과, 애굽에서 목격한 것을 아버지께 알리고 속히 모시고 내려오라는 것입니다. 흉년이 아직 다섯 해나 남았기에 아버지와 가족을 가까이 두고 보살피기 위해서입니다.

요셉은 형들에게 이 말을 한 뒤, 비로소 동생 베냐민을 안고 눈물을 흘립니다. 지난 세월 동안 쌓인 진한 사랑과 그리움의 눈물이었습니다. 그리고 형들과도 입 맞추며 부둥켜 안고 울었습니다. 진정으로 용서했기에 어떤 감정도 없었으며 오히려 그들을 더 품고 사랑할 수 있는 마음이었습니다. 이러한 모습에 형들은 얼마나 감동했겠습니까? 예전에 행했던 악에 대해 다시 한 번 회개하며 요셉에 대한 고마움과 은혜로 충만해졌습니다.

3. 너희 아비와 너희 가속을 이끌고 내게로 오라

"요셉의 형들이 왔다는 소문이 바로의 궁에 들리매 바로와 그 신복이 기뻐하고 바로는 요셉에게 이르되 네 형들에게 명하기를 너희는 이렇게 하여 너희 양식을 싣고 가서 가나안 땅에 이르거든 너희 아비와 너희 가속을 이끌고 내게로 오라 내가 너희에게 애굽 땅 아름다운 것을 주리니 너희가 나라의 기름진 것을 먹으리라 이제 명을 받았으니 이렇게 하라 너희는 애굽 땅에서 수레를 가져다가 너희 자녀와 아내를 태우고 너희 아비를 데려오라 또 너희의 기구를 아끼지 말라 온 애굽 땅의 좋은 것이 너희 것임이니라 하라"(45:16~20)

요셉의 형들이 애굽에 왔다는 소문은 바로의 궁에까지 전해집니다. 이 소식을 들은 바로와 신복들은 몹시 기뻐합니다. 이는 요셉이 바로에게서 전폭적인 신뢰와 사랑을 받고 있으며, 주변 신하들에게도 존경을 받았다는 증거입니다.

바로는 기꺼운 마음으로 요셉에게 가족을 데려오라고 하였습니다. 아울러 그들에게 애굽의 기름지고 아름다운 땅을 주겠다고 합니다. 또한 요셉의 아버지와 어린아이들, 여자들을 위해 수레를 내어주며 "너희의 기구를 아끼지 말라" 했습니다.

기구란 세간살이를 비롯하여 연장, 기계 등 가정에 속한 물건들을 의미합니다. 따라서 기구를 아끼지 말라는 말은 애굽에 좋은 기구가 얼마든지 있으니 굳이 가나안에서 힘들게 가지고 오지 말라는 뜻입니다. 최대한의 호의를 베푸는 모습입니다.

바로에게 요셉은 애굽을 구원한 은인입니다. 요셉이 없었다면 지금쯤 애굽도 기근으로 인해 극심한 고통과 어려움을 겪고 있겠지요. 바로에게 요셉은 그야말로 '복덩이'였습니다. 그러니 그 은혜에 보답하려는 마음에서 가족을 극진히 환대한 것입니다.

또한 그는 총리인 요셉이 가족을 만나면 마음에 평안과 위로를 얻고 더욱 힘을 받아 국사에 전념하리라 생각했습니다. 게다가 하늘의 지혜를 받은 요셉과 피를 나눈 형제들이라면 그들 역시 뛰어난 인재들일 터이니 나라에도 도움이 될 것이라 여겼지요.

이처럼 요셉이 바로의 전폭적인 사랑과 신뢰를 받을 수 있었던 것은 단지 그가 애굽에 큰 은혜를 입혀서만이 아닙니다. 평소 그의 행함과 마음씀이 인정받을 만했기 때문입니다. 그는 바로의 다음가는 위치에 있다 하여 권세나 지위를 남용하지 않았습니다.

넘지 말아야 할 선은 넘지 않고 자기 위치를 지켰으며, 사심이 없었기에 바로의 몫은 정확하게 그에게 돌렸습니다. 조금의 실수도 없었고 항상 바로가 원하는 것 이상의 결과물을 가져다주었기에 애굽은 극심한 흉년 중에도 안정되고 평화로웠습니다. 오히려 더 부강해지고, 왕권을 강화할 수 있었습니다.

그러니 바로의 입장에서는 요셉을 전폭적으로 신뢰하며 전권을 맡길 수 있었던 것입니다. 신하들 역시 요셉을 신뢰하며 존경했습니다. 요셉은 그들을 무시하거나 무례하게 대하지 않았습니다. 늘 예의를 갖춰 겸손하게 대하며 상대를 먼저 배려했습니다.

혹여 허물이 보인다 해도 사랑으로 덮어 주고 감싸 주었습니다. 자신을 반대하는 사람도 품어 주며 누구와도 화평을 좇을 수 있는 넓고 큰 마음이었지요. 그러니 신하들의 마음도 얻을 수 있었습니다.

이런 분위기 속에 요셉의 형들이 왔다는 소식이 들리자, 신하들 역시 함께 기뻐했던 것입니다. 결국 요셉의 겸손함이 자신을 더욱 존귀한 자리로 이끌었고(잠 18:12), 그의 선의 지혜가 이방 나라에서도 사람의 마음을 얻는 비결이 되었습니다.

4. 이스라엘이 가로되 내가 죽기 전에 가서 그를 보리라

"이스라엘의 아들들이 그대로 할새 요셉이 바로의 명대로 그들에게 수레를 주고 길 양식을 주며 또 그들에게 다 각기 옷 한 벌씩 주되 베냐민에게는 은 삼백과 옷 다섯 벌을 주고 그가 또 이와 같이 그 아비에게 보내되 수나귀 열 필에 애굽의 아름다운 물품을 실리고 암나귀 열 필에는 아비에게 길에서 공궤할 곡식과 떡과 양식을 실리고 이에 형들을 돌려보내며 그들에게 이르되 당신들은 노중에서 다투지 말라 하였더라 그들이 애굽에서 올라와 가나안 땅으로 들어가서 아비 야곱에게 이르러 고하여 가로되 요셉이 지금까지 살아 있어 애굽 땅 총리가 되었더이다 야곱이 그들을 믿지 아니하므로 기색하더니 그들이 또 요셉이 자기들에게 부탁한 모든 말로 그 아비에게 고하매 그 아비 야곱이 요셉의 자기를 태우려고 보낸 수레를 보고야 기운이 소생한지라 이스라엘이 가로되 족하도다 내 아들 요셉이 지금까지 살았으니 내가 죽기 전에 가서 그를 보리라"(45:21~28)

요셉은 바로의 명대로 형제들에게 수레를 내어 주고 여정에 필요한 양식은 물론 귀한 선물까지 실어서 고향으로 보냅니다. 많은 예물을 보낸 것은 아버지가 확신 가운데 고향을 떠나 애굽으로 올 수 있게 하기 위해서입니다.

가나안 땅은 하나님께서 아브라함과 이삭과 야곱에게 이미 오래전에 약속하시고 허락하신 땅입니다. 따라서 야곱이 그 땅을 떠나 애굽으로 이주한다는 것은 쉽게 결정할 수 있는 일이 아닙니다. 요셉은 아버지에게 그 땅이 어떤 의미가 있는지 잘 알았습니다. 그래서 자신이 애굽 총리가 된 사실과, 이 모든 일이 하나님의 섭리 가운데 있음을 아버지가 확신할 수 있도록 형들 편에 많은 예물을 보낸 것입니다.

이때 요셉은 다시 한 번 형들과 구분하여 동생 베냐민에게는 더 많은 물품을 줍니다. 이제는 형들이 이러한 일로 시기 질투할 마음은 아니었습니다. 연단을 통해 변화된 것입니다.

마지막으로 요셉은 형들에게 "노중에서 다투지 말라"고 당부합니다. 굳이 이런 당부를 한 이유는 응답의 열매를 온전히 맺기 위한 예방조치였습니다. 하나님께서 요셉을 연단하여 애굽 총리로 세우고 형들을 연단하여 지금에 이르게 하신 모든 일은 이스라엘 민족을 이루기 위한 섭리 안에 들어 있었습니다.

이제 야곱과 그 가족들이 애굽으로 들어와 정착하면 하나님의 섭리가 열매를 맺기 시작하는 것입니다. 이처럼 중요한 순간에 형들이 고향으로 돌아가는 길에 다투다가 화평이 깨진다면 어떠할까요? 사단에게 송사거리를 내어 주므로 자칫 응답의 시점이 미뤄질 수 있습니다.

요셉의 형들이 달라졌다고는 하지만 아직 온전한 선을 이룬 것은 아니므로 귀향길에 언제 비진리의 속성들이 불거질지 모릅니다. 서로가 이번 일에 자신의 공이 크다고 들레거나, 뒤늦게 물질의 욕심이 생겨 불공평한 분배에 대해 불평할 수도 있습니다. 또 지난 일에 대해 대화하다가 상대의 책임이라 떠넘기며 다툼이 일어날 수도 있지요.

그러면 하나님의 응답을 눈앞에 두고 사단에게 송사거리를 내어 주는 결과를 초래하고 맙니다. 이러한 영계의 법칙을 누구보다 잘 알았기에 요셉은 귀향하는 형들에게 미리 당부한 것입니다.

마침내 고향에 돌아온 형제들은 아버지 야곱에게 그간의 자초지종을 설명합니다. 요셉이 살아 있고 애굽의 총리가 되었음을 전했습니다. 야곱은 그들의 말을 도무지 믿을 수가 없었습니다. 22년 전에 피 묻은 요셉의 옷을 보고 그가 짐승에게 먹혀 죽었다고 여기며 지금껏 살아왔으니 그 말이 믿기지 않는 것도 무리는 아닙니다.

요셉은 이러한 것까지도 예측했기에 형들에게 아버지를 만나면 어떻게 말해야 하는지 세세히 알려 주었습니다. 그들이 애굽에서 눈으로 본 모든 것을 아버지께 알리라고 했지요. 그리고 수나귀 열 필에는 애굽의 아름다운 물품을, 암나귀 열 필에는 애굽으로 내려올 때 필요한 곡식과 떡과 양식을 실어 보냈습니다.

야곱은 아들들을 통해 요셉이 전한 말을 다 듣고 수레까지 보고서야 그들의 말을 믿습니다. 그토록 사랑했던 아들이 살아서 애굽 총리가 되었고, 수레와 양식까지 보내며 자신을 기다린다 하니 얼마나 가슴이 벅차올랐겠습니까? 야곱의 마음은 요셉이 살아 있다는 기쁨, 그에 대한 애틋함과 그리움으로 가득했습니다.

"이제 이후에 있을 모든 일들도
하나님의 섭리와 뜻 가운데 이룰 줄 믿사오니
하나님의 은혜가 이곳을 인하여서 넘치게 하시며
하나님의 백성들을 인하여서
그 은혜가 그치지 아니하게 하소서.

감사드리나이다.
나를 사랑하심에 감사드리나이다.
내게 은혜를 주시니 감사드리나이다.
내가 이와 같은 모든 영광 중에 있게 하시니 감사드리나이다.
그 영광 중에 이 자가 눈을 감게 하심에
또한 감사드리나이다.

모든 것을 하나님께 맡기며
이와 같이 평안히 그 앞에 안기오니 하나님의 아들,
곧 사랑하시고 기뻐하시는 이 아들을
아버지 품에 안으사 기뻐하소서."

Part 3

애굽 총리 요셉,
하나님 언약의 통로

Part 3

요셉의 인생 여정은
아브라함과 이삭, 야곱과 맺은 하나님의 언약이
이루어지는 과정이자 통로였습니다.

그는 하나님의 선하신 뜻을 믿었기에
이스라엘 민족 형성의 기틀을 마련하였고,
만민의 생명을 구원하시려는
하나님의 섭리를 이뤄 드렸습니다.

Joseph

Chapter 8

야곱 가족이 고센 땅에 이르다

거기서 너로 큰 민족을 이루게 하리라

하나님 섭리 가운데 애굽으로 이주한 야곱 일가

바로가 불러서 너희의 업이 무엇이냐 묻거든

1. 거기서 너로 큰 민족을 이루게 하리라

"이스라엘이 모든 소유를 이끌고 발행하여 브엘세바에 이르러 그 아비 이삭의 하나님께 희생을 드리니 밤에 하나님이 이상 중에 이스라엘에게 나타나시고 불러 가라사대 야곱아 야곱아 하시는지라 야곱이 가로되 내가 여기 있나이다 하매 하나님이 가라사대 나는 하나님이라 네 아비의 하나님이니 애굽으로 내려가기를 두려워 말라 내가 거기서 너로 큰 민족을 이루게 하리라 내가 너와 함께 애굽으로 내려가겠고 정녕 너를 인도하여 다시 올라올 것이며 요셉이 그 손으로 네 눈을 감기리라 하셨더라

야곱이 브엘세바에서 발행할새 이스라엘의 아들들이 바로의 태우려고 보낸 수레에 자기들의 아비 야곱과 자기들의 처자들을 태웠고 그 생축과 가나안 땅에서 얻은 재물을 이끌었으며 야곱과 그 자손들이 다 함께 애굽으로 갔더라 이와 같이 야곱이 그 아들들과 손자들과 딸들과 손녀들 곧 그 모든 자손을 데리고 애굽으로 갔더라"(46:1~7)

이제 야곱은 바로가 보내 준 수레를 타고 요셉이 기다리는 애굽으로

내려가기만 하면 됩니다. 그러나 선뜻 그렇게 할 수가 없었습니다. 이는 가나안 땅이 갖는 특별한 의미 때문입니다. 가나안은 아브라함과 이삭, 야곱에 이르기까지 하나님께서 약속의 땅으로 주신 곳입니다(창 17:8, 26:2~4, 35:12).

야곱은 하나님께서 주신 언약을 한 번도 잊은 적이 없었습니다. 게다가 오랜 세월 뿌리내린 삶의 기반을 접고 애굽으로 간다는 것은 쉬운 결정이 아닙니다. 하지만 가나안 땅에 계속 머문다면 극심한 기근으로 생명을 부지하기 어려운 상황이므로 야곱은 일단 애굽으로 가기로 결정합니다. 요셉도 만나고 당장은 기근을 피하기 위해 가지만 얼마 동안만 머무르다 돌아오려는 마음이었습니다.

헤브론을 떠나 애굽으로 향하는 야곱은 브엘세바에 이르러 하나님 앞에 희생의 제사를 드립니다. 제사를 드리면서 다시 한 번 지나온 시간을 정리하고 하나님 뜻을 알고자 했습니다. 야곱이 모든 소유를 이끌고 애굽으로 가는 것은 일생의 전환기를 맞는 중대한 사건입니다. 바로 이런 시점에서 그는 지나온 날들을 회상해 보았습니다.

그동안 자신과 함께하며 인도해 주신 하나님의 섬세한 손길과 은혜를 회상하며 감사의 제사를 드렸지요. 형 에서를 피해 집을 떠나야 했던 일, 외삼촌 라반의 집에서 밤낮 없이 일한 세월들, 하나님의 도우심으로 큰 부자가 되어 돌아오던 귀향길, 형 에서를 만나기 전 환도뼈가 위골되기까지 하나님께 매달려 부르짖었던 일, 마침내 가나안 땅에 정착하여 지내온 모든 시간을 회고하며 자신의 삶을 정리해 보았습니다.

그러면서 애굽으로 이주하는 것이 하나님의 뜻인지 여쭈었습니다.

물론 출발하기 전에 하나님께 여쭈었다면 더 좋았겠지만 그가 브엘세바에 와서 희생 제사를 드린 데에는 그만한 영적 이유가 있습니다.

브엘세바는 야곱이 형 에서를 피해 외삼촌 라반의 집으로 떠나기 전에 아버지 이삭과 함께 살던 곳입니다. 또한 하나님께서 이삭에게 나타나 "내 종 아브라함을 위하여 내가 너와 함께 있어 네게 복을 주어 네 자손으로 번성케 하리라" 축복하신 장소이기도 합니다.

창세기 21장과 26장을 보면 아브라함과 이삭이 각각 브엘세바에서 우물을 놓고 블레셋 왕 아비멜렉과 언약을 한 적이 있었습니다. 아브라함은 그곳에 에셀나무를 심고 영생하시는 하나님의 이름을 불렀습니다. 이처럼 브엘세바는 아브라함과 이삭에게도 중요한 의미가 있는 곳이며 우물을 통해 언약의 징표를 삼은 곳입니다.

야곱은 이러한 브엘세바에서 하나님의 언약을 떠올리며 희생의 제사를 드린 것입니다. 하나님의 언약과 영적인 의미를 마음에 소중히 간직했던 그의 신앙을 잘 알 수 있습니다. 아직 하나님 마음에 100% 맞춰 나가는 모습은 아니었지만 항상 하나님을 마음에 두고 찾았던 것입니다.

또한 야곱은 하나님께서 주신 꿈과 비전을 반드시 이루어 주시리라는 굳은 믿음을 가진 사람이었습니다. 하나님께서 언약의 말씀을 주신 후 오랜 세월이 흘렀지만 자신을 통해 큰 민족을 이루고 가나안 땅을 주리라 하신 약속을 변함없이 마음에 간직하며 믿었습니다. 이처럼 그는 받은 언약에 대해 흔들림 없는 신뢰와 확신이 있었기 때문에 중요한 순간마다 하나님을 의지함으로써 응답을 받아 나갔습니다.

하나님께서는 브엘세바에서 드린 야곱의 희생 제사를 받으시고 밤에 이상 가운데 그에게 나타나 분명한 뜻을 알려 주십니다.

"나는 하나님이라 네 아비의 하나님이니 애굽으로 내려가기를 두려워 말라 내가 거기서 너로 큰 민족을 이루게 하리라 내가 너와 함께 애굽으로 내려가겠고 정녕 너를 인도하여 다시 올라올 것이며 요셉이 그 손으로 네 눈을 감기리라"

이는 애굽으로 내려가는 것이 하나님 섭리 안에 있다는 말씀입니다. 또 아브라함과 이삭을 거쳐 야곱에게 주신 언약을 반드시 성취하시겠다는 말씀이기도 하지요. 하나님께서는 야곱과 함께하실 것이며 결국은 그를 약속의 땅 가나안으로 다시 돌아오게 하겠다고 하셨습니다.

또한 요셉을 만나 그와 더불어 여생을 마치는 것이 하나님 뜻임을 알려 주셨습니다. 이렇게 확실한 응답을 받은 후, 야곱은 온 가족과 소유물을 이끌고 평안한 마음으로 애굽에 내려갑니다.

2. 하나님 섭리 가운데 애굽으로 이주한 야곱 일가

"애굽으로 내려간 이스라엘 가족의 이름이 이러하니 야곱과 그 아들들 곧 야곱의 맏아들 르우벤과 르우벤의 아들 하녹과 발루와 헤스론과 갈미요 시므온의 아들 곧 여무엘과 야민과 오핫과 야긴과 스할과 가나안 여인의 소생 사울이요 레위의 아들 곧 게르손과 그핫과 므라리요 유다의 아들 곧 엘과 오난과 셀라와 베레스와 세라니 엘과 오난은 가나안 땅에서 죽었고 또 베레스의 아들 곧 헤스론과 하물이요 잇사갈의 아들 곧 돌라와 부와와 욥과 시므론이요 스불론의 아들 곧 세렛과 엘론과 얄르엘이니 이들은 레아가 밧단아람에서 야곱에게 낳은 자손들이라 그 딸 디나를 합하여 남자와 여자가 삼십삼 명이며 갓의 아들 곧 시뵨과 학기와 수니와 에스본과 에리와 아로디와 아렐리요 아셀의 아들 곧 임나와 이스와와 이스위와 브리아와 그들의 누이 세라며 또 브리아의 아들 곧 헤벨과 말기엘이니 이들은 라반이 그 딸 레아에게 준 실바가 야곱에게 낳은 자손들이라 합 십육 명이요

야곱의 아내 라헬의 아들 곧 요셉과 베냐민이요 애굽 땅에서 온 제사장 보디베라의 딸 아스낫이 요셉에게 낳은 므낫세와 에브라임이요 베냐민의 아들 곧 벨라와 베겔과 아스벨과 게라와 나아만과 에히와 로스와 뭅빔과 훕빔과 아릇이니 이들은 라헬이 야곱에게 낳은 자손이라 합 십사 명이요 단의 아들 후심이요 납달리의 아들 곧 야스엘과 구니와 예셀과 실렘이라 이들은 라반이 그 딸 라헬에게 준 빌하가 야곱에게 낳은 자손이니 합이 칠 명이라

야곱과 함께 애굽에 이른 자는 야곱의 자부 외에 육십육 명이니 이는 다 야곱의 몸에서 나온 자며 애굽에서 요셉에게 낳은 아들이 두 명이니 야곱의 집 사람으로 애굽에 이른 자의 도합이 칠십 명이었더라"(46:8~27)

애굽으로 이주하는 야곱 일가의 행렬에는 열한 명의 아들 내외와 손자들, 또 목축업을 하며 키운 가축들까지 있었으니 그 규모가 상당했을 것입니다. 어린아이들과 연약한 여인들을 수레에 태우고 수많은 짐과 가축들이 함께 이동하였습니다. 성경에는 야곱의 열두 아들을 중심으로 모계를 따라 가족 명단이 기록되어 있습니다.

레아가 낳은 맏아들 르우벤은 네 명의 아들을 두었습니다. 장자 하녹은 하녹 집안의 선조가 되었고 발루, 헤스론, 갈미 역시 그 집안의 선조가 되었습니다(민 26:5~6).

레아의 둘째 아들 시므온은 여섯 명의 아들을 두었는데, 여무엘과 야민과 오핫과 야긴과 스할과 사울입니다. 이들도 각각 그 가족의 시조가 되었습니다(민 26:12~13). 그리고 레아가 낳은 셋째 아들 레위는 세 명의 아들을 두었습니다.

레아의 넷째 아들 유다는 다섯 명의 아들을 두었습니다. 그중 유다가 가나안 출신의 아내를 통해 얻은 아들은 엘과 오난과 셀라입니다. 그런데 엘과 오난은 하나님 보시기에 악하였으므로 가나안 땅에서 죽고 말았습니다(창 38:7~10). 이에 며느리 다말이 가계의 혈통을 잇고자 시아버지 유다를 속이고 그 사이에서 낳은 아들이 바로 쌍둥이 베레스와 세라입니다. 베레스는 두 아들 헤스론과 하물을 두었습니다.

레아의 다섯째 아들 잇사갈은 네 명의 아들 곧 돌라와 부와와 욥과 시므론을 두었습니다. 그리고 레아가 낳은 여섯째 아들 스불론에게는 세 명의 아들 곧 세렛과 엘론과 얄르엘이 있었습니다. 이처럼 야곱이 레아와의 사이에서 얻은 자녀는 딸 디나와 여섯 아들, 그리고 그들의 후손까지 모두 33명입니다.

다음으로, 야곱이 레아의 몸종 실바를 통해 낳은 자손의 수는 모두 16명이었습니다. 실바는 갓과 아셀을 낳았으며, 갓은 일곱 명의 아들을 두었습니다. 그리고 아셀은 네 명의 아들과 딸 하나를 두었으며 아셀의 아들 브리아는 두 명의 아들을 두었습니다.

야곱이 가장 사랑했던 아내 라헬은 요셉과 베냐민을 낳았습니다. 요셉은 애굽 땅에서 온의 제사장 보디베라의 딸 아스낫과 결혼하여 두 아들 므낫세와 에브라임을 낳았습니다. 막내아들 베냐민은 열 형제를 두었으므로 야곱과 라헬 사이의 자손은 모두 14명이었습니다. 라헬이 야곱에게 첩으로 준 빌하는 단과 납달리 두 아들을 낳았습니다. 단은 아들 후심을, 납달리는 야스엘과 구니와 예셀과 실렘을 낳았으니 야곱과 빌하 사이의 자손은 모두 7명이었습니다.

그리하여 야곱의 자손으로서 애굽에 정착한 사람은 요셉과 그 아들들을 포함하여 모두 70명이었습니다.

3. 바로가 불러서 너희의 업이 무엇이냐 묻거든

"야곱이 유다를 요셉에게 미리 보내어 자기를 고센으로 인도하게 하고 다 고센 땅에 이르니 요셉이 수레를 갖추고 고센으로 올라가서 아비 이스라엘을 맞으며 그에게 보이고 그 목을 어긋맞겨 안고 얼마 동안 울매 이스라엘이 요셉에게 이르되 네가 지금까지 살아 있고 내가 네 얼굴을 보았으니 지금 죽어도 가하도다 요셉이 그 형들과 아비의 권속에게 이르되 내가 올라가서 바로에게 고하여 이르기를 가나안 땅에 있던 내 형들과 내 아비의 권속이 내게로 왔는데 그들은 목자라 목축으로 업을 삼으므로 그 양과 소와 모든 소유를 이끌고 왔나이다 하리니 바로가 당신들을 불러서 너희의 업이 무엇이냐 묻거든 당신들은 고하기를 주의 종들은 어렸을 때부터 지금까지 목축하는 자이온데 우리와 우리 선조가 다 그러하니이다 하소서 애굽 사람은 다 목축을 가증히 여기나니 당신들이 고센 땅에 거하게 되리이다"(46:28~34)

마침내 야곱 일가는 애굽에 다다랐습니다. 야곱은 유다를 요셉에게 미리 보내 그들의 도착을 알립니다. 총리가 된 요셉은 수레를 갖추어 타고 당당한 모습으로 아버지 앞에 나타났습니다. 이 재회의 순간, 두 사람의 마음이 어떠했겠습니까.

서로 사무치는 그리움을 간직한 채 22년이라는 세월을 지냈으니 그 감격은 이루 말할 수 없었을 것입니다. 더욱이 야곱은 죽은 줄 알았던 아들을 다시 얻었으니 얼마나 기뻤겠습니까. 서로 끌어안은 채 눈물로 회포를 푼 야곱은 이제 죽어도 여한이 없을 것 같았습니다.

부자간의 감격적인 상봉 후 요셉은 '바로에게 가서 아버지와 가족이 왔음을 전하겠다'고 말합니다. 그는 바로에게 어떻게 말해야 그의 가족이 안정적이고 독립적인 환경에서 대대로 이어온 생업에 종사하며 번성해 갈 수 있을지를 이미 간파하고 있었습니다.

그래서 형들과 식구들에게 왕이 "너희의 업이 무엇이냐"고 묻거든 "목축하는 자"라 대답하도록 일렀습니다. 이는 자기 유익을 구하는 간사한 마음이나 얄팍한 처세술에서 나온 지혜가 아닙니다. 하나님의 뜻과 섭리를 이루기 위해 어떻게 해야 하는지 정확히 주관받은 것입니다.

애굽과 바로의 입장에서는 자신들이 중요하게 여기는 산업이나 땅을 야곱 일족이 요구한다면 아무래도 부담이 될 수밖에 없습니다. 혹여 자신들에게 피해가 있을까 경계심마저 들겠지요. 하지만 자신들이 가증히 여기는 목축업을 하겠다고 하면 그들을 경계하지 않고 고센 땅에서 살도록 순순히 허락해 줄 수 있습니다.

가증히 여긴다는 것은 하찮게 여긴다는 말입니다. 그만큼 목축업은 애굽에서 천한 직업에 속했습니다. 애굽 사람들이 가증히 여긴다는 사실을 알면서도 그들에게 대대로 목축업을 한다고 밝힌 데에는 또 다른 이유가 있습니다. 그들과 거리를 두기 위함입니다.

애굽에서 사는 동안 이스라엘의 중요한 과제 중 하나가 언약 백성으로서의 정체성을 지키는 일입니다. 혼인 문제와 더불어 우상 숭배 문화로부터 자신들을 지켜야 합니다. 만일 이방인과 통혼해 그들의 문화를 받아들인다면 하나님의 언약을 상실할 수 있기에 스스로 목축하는 민족임을 밝혀 그들과 구별되고자 한 것입니다.

요셉이 형제들에게 왕 앞에서 어떻게 말해야 할지 미리 알려 준 보다 근본적인 이유는 왕의 마음을 알았기 때문입니다. 바로는 분명 은혜를 알고 선한 마음이 있었지만 진리의 사람은 아닙니다. 세월이 흐르고 자기 유익에 맞지 않으면 얼마든지 변할 수 있습니다.

지금은 감사한 마음에 요셉과 그의 가족이 원하는 대로 다 주려 하지만 언젠가는 그 결정을 후회하거나 번복할 수 있지요. 이를 잘 아는 요셉은 나중에 탈이 생기지 않도록 지혜롭게 행한 것입니다. 그러면서 형들로 하여금 바로가 가장 편안하게 받아들일 수 있는 방법을 따라 구하게 했습니다.

요셉은 총리로서 이미 애굽의 상황을 밝히 알았기에 아버지와 가족이 어디에 정착해야 가장 좋은지 정확히 파악했던 것입니다. 이처럼 그는 영적인 면은 물론 육적인 면에 있어서도 완벽하게 처신했습니다. 그 결과 주변 사람들과 화평을 깨지 않고도 가족에게 원하는 것을 얻게 해 줄 수 있었습니다.

여기서 우리는 선의 지혜를 깨달아야 합니다. 요셉은 자신이 원하는 것을 얻음에 있어서도 어떠한 마찰 없이 모든 사람과 화평을 좇으면서 순적히 응답받았습니다. 이는 그에게 선의 지혜가 있었기 때문입니다. 상대의 마음을 편하게 하면서 모두에게 유익이 되도록 정확히 주관받았던 것입니다.

선의 지혜를 가진 사람은 상대의 마음을 헤아린다고 해서 그것을 자신에게만 유리하도록 악용하지 않습니다. 하나님의 뜻 가운데 모두에게 유익이 되도록 하지요. 이처럼 위로부터 하나님께서 주시는 지혜, 선과 진리의 마음으로부터 나오는 지혜만이 자신은 물론 모든 사람에게 유익과 행복을 줄 수 있습니다.

아브라함, 이삭, 야곱에게 주신 약속의 땅 가나안

1. 아브라함(아브람)에게 주신 언약

"여호와께서 아브람에게 이르시되
너는 너의 본토 친척 아비 집을 떠나 내가 네게 지시할 땅으로 가라
내가 너로 큰 민족을 이루고 네게 복을 주어 네 이름을 창대케 하리니 …
땅의 모든 족속이 너를 인하여 복을 얻을 것이니라"(창 12:1~3)

"아브람이 … 마침내 가나안 땅에 들어갔더라
아브람이 그 땅을 통과하여 세겜 땅 모레 상수리나무에 이르니 …
여호와께서 아브람에게 나타나 가라사대
내가 이 땅을 네 자손에게 주리라"(창 12:5~7)

"또 그에게 이르시되 나는 이 땅을
네게 주어 업을 삼게 하려고
너를 갈대아 우르에서 이끌어낸 여호와로라"(창 15:7)

"내가 너와 네 후손에게 너의 우거하는 이 땅
곧 가나안 일경으로 주어 영원한 기업이 되게 하고
나는 그들의 하나님이 되리라"(창 17:8)

2. 이삭에게 주신 언약

"여호와께서 이삭에게 나타나 가라사대
애굽으로 내려가지 말고 내가 네게 지시하는 땅에 거하라
이 땅에 유하면 내가 너와 함께 있어 네게 복을 주고
내가 이 모든 땅을 너와 네 자손에게 주리라
내가 네 아비 아브라함에게 맹세한 것을 이루어
네 자손을 하늘의 별과 같이 번성케 하며
이 모든 땅을 네 자손에게 주리니
네 자손을 인하여 천하만민이 복을 받으리라"(창 26:2~4)

3. 야곱에게 주신 언약

"꿈에 본즉 사닥다리가 땅 위에 섰는데 …
또 본즉 여호와께서 그 위에 서서 가라사대
나는 여호와니 너의 조부 아브라함의 하나님이요 이삭의 하나님이라

너 누운 땅을 내가 너와 네 자손에게 주리니
네 자손이 땅의 티끌같이 되어서 동서남북에 편만할지며
땅의 모든 족속이 너와 네 자손을 인하여 복을 얻으리라
내가 너와 함께 있어 네가 어디로 가든지 너를 지키며
너를 이끌어 이 땅으로 돌아오게 할지라 …"(창 28:12~15)

"야곱이 밧단아람에서 돌아오매
하나님이 다시 야곱에게 나타나사 그에게 복을 주시고
그에게 이르시되 네 이름이 야곱이다마는 …
이스라엘이 네 이름이 되리라 하시고 …
나는 전능한 하나님이니라 생육하며 번성하라
국민과 많은 국민이 네게서 나고 왕들이 네 허리에서 나오리라
내가 아브라함과 이삭에게 준 땅을 네게 주고
내가 네 후손에게도 그 땅을 주리라 하시고"(창 35:9~12)

"하나님이 가라사대 나는 하나님이라
네 아비의 하나님이니 애굽으로 내려가기를 두려워 말라
내가 거기서 너로 큰 민족을 이루게 하리라
내가 너와 함께 애굽으로 내려가겠고
정녕 너를 인도하여 다시 올라올 것이며
요셉이 그 손으로 네 눈을 감기리라 하셨더라"(창 46:3~4)

Joseph

Chapter 9

요셉의 선한 지혜와 애굽의 기근 정책

바로의 입장에서 섬세한 부분까지 고려하는 요셉

요셉의 지혜로 라암세스를 기업으로 얻다

심화되는 기근에 대처하는 총리 요셉

애굽의 새로운 토지 정책

야곱의 청내로 선영에 장사하기로 맹세하다

1. 바로의 입장에서 섬세한 부분까지 고려하는 요셉

"요셉이 바로에게 가서 고하여 가로되 나의 아비와 형들과 그들의 양과 소와 모든 소유가 가나안 땅에서 와서 고센 땅에 있나이다 하고 형들 중 오 인을 택하여 바로에게 보이니 바로가 요셉의 형들에게 묻되 너희 생업이 무엇이냐 그들이 바로에게 대답하되 종들은 목자이온데 우리와 선조가 다 그러하니이다 하고 그들이 또 바로에게 고하되 가나안 땅에 기근이 심하여 종들의 떼를 칠 곳이 없기로 종들이 이곳에 우거하러 왔사오니 청컨대 종들로 고센 땅에 거하게 하소서 바로가 요셉에게 일러 가로되 네 아비와 형들이 네게 왔은즉 애굽 땅이 네 앞에 있으니 땅의 좋은 곳에 네 아비와 형들로 거하게 하되 고센 땅에 그들로 거하게 하고 그들 중에 능한 자가 있는 줄을 알거든 그들로 나의 짐승을 주관하게 하라"(47:1~6)

애초부터 요셉은 가족의 거주지로 애굽의 고센 지역을 마음에 두었습니다. 변방에 위치한 고센 땅은 애굽 사람들의 영향이 적어 혈통의 순수성을 지킬 수 있을 뿐 아니라 목축을 하기에 적합한 초지였기 때문입니다. 가족을 고센에 임시로 머물게 한 요셉은 왕이 스스로 그 땅을 내어주도록 지혜롭게 처신합니다.

그는 왕에게 "나의 아비와 형들과 그들의 양과 소와 모든 소유가 가나안 땅에서 와서 고센 땅에 있나이다"라고 보고했습니다. 가족의 도착을 알리면서 굳이 그들에게 양과 소가 있음을 언급한 것입니다.

이는 애굽 사람들이 하찮게 여기는 목축업에 종사하고 있다는 것을 내비침으로 자기 가족이 결코 위험 인물들이 아님을 알리려는 의도였습니다. 또한 그들이 "고센 땅에 있나이다" 한 것은 임시 거처인 고센 땅에서 바로의 명을 기다린다는 의미입니다.

만약 요셉이 "내 가족이 고센에 정착하고 싶어 합니다."라고 한다거나, "내 가족에게 고센 지역을 주면 좋겠습니다."라고 한다면 일방적인 통보와 다름이 없습니다. 그러나 그는 항상 바로를 존중하는 마음이었기에 이때도 가족의 정착지로 고센 지역이 적합함을 인식시키면서도, 결정은 바로가 할 수 있도록 배려하는 것을 볼 수 있습니다. 요셉의 이러한 겸손과 섬김, 마음씀씀이 때문에 왕도 그에게 모든 것을 맡길 수 있었던 것입니다.

가족이 애굽에 왔다는 사실을 바로에게 알린 요셉은 형제 중 다섯 명만 선택해 그 앞에 데려갑니다. 왜 그런 것일까요? 그것은 건장한 형제들이 한꺼번에 등장한다면 바로에게 불안감을 줄 수도 있기 때문입니다. 물론 바로는 요셉의 형들이 열 명이며, 일족이 칠십 명임을 이미 들어 알고 있을 것입니다. 그렇다 해도 열 명이 넘는 장정들이 한꺼번에 나타난다면 말로만 들을 때와는 사뭇 느낌이 다를 수 있습니다. 요셉은 바로에게 일말의 부정적인 생각이나 느낌조차 주지 않도록 형제 중 다섯 명만 선택한 것입니다.

이처럼 요셉은 늘 바로의 입장에서 생각했기에 아주 섬세한 부분까지 고려했습니다. 그렇다 하여 요셉이 자신의 지혜와 방법으로 바로의 마음을 움직일 수 있다고 생각한 것은 아닙니다. 그의 모든 행동은 하나님을 의지하는 믿음을 바탕으로 한 것이었습니다. 결코 사람의 지혜와 방법을 의지하지 않았지요.

자신이 해야 할 바는 최선을 다해 행하되 일의 과정과 결과에 대해서는 오직 하나님께 맡겼습니다. 그렇기에 하나님께서도 그의 믿음대로 지혜를 주시고 바로의 마음도 주관하여 모든 상황을 형통하게 만들어 주셨습니다.

드디어 바로와 요셉의 형들이 마주하는 순간입니다. 요셉이 예견한 대로 왕은 처음부터 그들의 생업이 무엇인지 묻습니다. 마치 요셉과 미리 약속이라도 한 것처럼 말입니다. 요셉은 바로의 성격과 관심사, 그리고 예상 행동을 정확히 알고 예측했기에 한 발 앞서 왕을 보좌하며 국사를 수행할 수 있었습니다. 이는 단지 상황 파악과 분석 능력이 뛰어나다 해서 얻을 수 있는 결과가 아닙니다.

예를 들어, 두뇌 회전이 빠르고 실무 경험이 많다면 일을 진행할 때 방법론이 한눈에 보일 수 있습니다. 그러나 주변 사람과 어떤 관계를 유지하며 얼마나 덕스럽고 겸손하게 처신하느냐에 따라 결과가 전혀 달라질 수 있습니다. 주변 사람과 화평하지 못하면 하나님의 도우심을 입을 수 없으니 큰 성과를 기대하기 어렵습니다. 설령 좋은 성과를 낸다 해도 단순히 일을 잘하는 사람으로 인식될 뿐 존경과 신뢰를 받기는 어렵지요.

요셉은 주변 상황을 읽어내는 지식과 경륜이 있을 뿐 아니라 상대의 마음을 얻어 그 마음을 움직일 수 있는 선한 지혜가 있었습니다. 이러한 지혜로 왕의 마음을 헤아려 그가 전혀 거부감을 느끼지 않도록 하면서 응답을 이끌어 냅니다.

바로의 질문에 형들은 요셉이 알려 준 대로 대답합니다. "종들은 목자이온데 우리와 선조가 다 그러하니이다 … 가나안 땅에 기근이 심하여 종들의 떼를 칠 곳이 없기로 종들이 이곳에 우거하러 왔사오니 청컨대 종들로 고센 땅에 거하게 하소서"

극심한 가뭄이라는 불가피한 상황에서 은혜를 구하러 왔음을 말하고 있습니다. 계획적으로 애굽의 기름진 땅을 노리고 들어온 것이 아니라는 말입니다. 그러면서 아주 겸비한 모습으로 고센 땅에 정착하게 해 달라고 간청합니다.

이미 바로는 보고를 통해 그들이 임시로 고센 땅에 머물러 있고 그 땅이 목축에 적합한 곳임을 인식하고 있는 상황입니다. 또한 왕의 입장에서 요셉의 형들을 볼 때 딱히 경계할 만한 것이 없었습니다. 조용히 목축업을 하면서 자신을 섬길 것이라 여긴 바로는 그들의 요구를 너그럽게 받아들입니다.

"애굽 땅에서 아무 곳이나 골라도 좋다. 그중에 고센이 적합하다면 그곳에 머무르도록 하라."며 주권자로서 매우 관대한 태도를 보여 줍니다. 뿐만 아니라 자신의 짐승들을 관장하는 사명까지 주었습니다. 왕에게 속한 재산을 이방인이 관리하도록 허락한다는 것은 참으로 큰 신뢰와 관용의 표현이 아닐 수 없습니다.

2. 요셉의 지혜로 라암세스를 기업으로 얻다

"요셉이 자기 아비 야곱을 인도하여 바로 앞에 서게 하니 야곱이 바로에게 축복하매 바로가 야곱에게 묻되 네 연세가 얼마뇨 야곱이 바로에게 고하되 내 나그네 길의 세월이 일백삼십 년이니이다 나의 연세가 얼마 못 되니 우리 조상의 나그네 길의 세월에 미치지 못하나 험악한 세월을 보내었나이다 하고 야곱이 바로에게 축복하고 그 앞에서 나오니라 요셉이 바로의 명대로 그 아비와 형들에게 거할 곳을 주되 애굽의 좋은 땅 라암세스를 그들에게 주어 기업을 삼게 하고 또 그 아비와 형들과 아비의 온 집에 그 식구를 따라 식물을 주어 공궤하였더라"(47:7~12)

요셉은 가족의 거주 문제를 응답받은 후에야 비로소 아버지 야곱을 바로 앞으로 모시고 갑니다. 이렇게 한 것은 질서 가운데 형들과 아버지를 구별하기 위해서였습니다. 또한 혹여라도 아버지 야곱이 난처한 상황을 만나지 않도록 하기 위함입니다.

바로와의 첫 대면에서 왕이 어떤 반응을 보일지, 바라던 땅을 얻을 수 있을지 확실치 않은 상태에서 아버지를 소개한 것이 아니라 이미 응답받아 평안한 가운데 아버지를 모시고 나간 것입니다. 요셉의 형들과의 만남을 통해 마음이 편안해진 왕은 야곱을 선대하였습니다. 야곱이 왕을 축복하는 장면에서 이를 알 수 있습니다.

바로는 일개 족장에 불과한 야곱이 자신을 축복한다 해서 기분 나빠하지 않았습니다. 또 자신이 섬기는 신의 이름으로 축복한 것이 아님에도 거부감을 갖지 않았지요. 단순히 나이 많은 노인이요, 사랑하는 신하의 아비가 좋은 말로 복을 빌어 준다 생각하고 기꺼이 받아들였습니다. 그만큼 마음이 열려 있었습니다.

더욱이 바로가 나이를 물을 때 야곱은 "내 나그네 길의 세월이 일백삼십 년이니이다 나의 연세가 얼마 못 되니 우리 조상의 나그네 길의 세월에 미치지 못하나 험악한 세월을 보내었나이다" 대답하였습니다.

이 말은 바로에게 야곱과 그의 가족이 전혀 위협적인 존재가 아님을 재차 확신시켜 주었습니다. 야곱과 그 조상은 오랜 세월 옮겨 다니며 목축업을 했고 남의 땅을 빼앗거나 넘보지 않았다는 의미로 받아들여진 것입니다.

야곱 일가는 화기애애한 분위기 속에 바로와의 만남을 잘 마쳤습니다. 요셉의 지혜로운 처신으로 고센 땅을 삶의 터전으로 보장받았지요. 이제 요셉은 안정된 터전에서 평안하게 가족들을 부양할 수 있게 되었습니다.

만약 요셉이 공식 절차 없이 임의대로 가족에게 고센 땅을 내어주었다면 어땠을까요? 아무리 요셉으로 인해 애굽이 큰 은혜를 입었다 해도 불평불만 하는 사람들이 생겨났을 것입니다. 마치 자신들이 낸 세금과 나랏돈으로 야곱의 가족이 호의호식하는 것처럼 여겨졌겠지요.

그러나 이제 요셉이 가족을 부양하는 것은 애굽 최고 통치자의 승인을 얻은 일입니다. 그들을 공궤하는 일을 누구도 시시비비할 수 없게 되었지요. 요셉은 바로의 명대로 아버지 야곱과 형들에게 라암세스를 거주지로 주었습니다. '라암세스'는 고센 지방의 성읍 이름입니다.

우리는 요셉에 대해 알아갈수록 그의 지혜가 참으로 뛰어남을 느낄 수 있습니다. '일어나지 않은 앞일을 마치 본 것처럼 예견하다니! 어떻게 다른 사람의 마음을 자신이 원하는 대로 움직일 수 있는가?' 하며 감탄을 금할 수 없습니다.

여기서 짚어볼 것은 그의 지혜가 자기 유익을 위해 상대를 이용하려는 사심에서 비롯된 것이 아니라는 점입니다. 악한 마음에서는 상대를 감동시키는 선한 지혜가 나올 수 없습니다. 요셉은 왕의 총애를 받는 총리라 해도 결코 질서를 어기지 않고 매사에 상대의 입장을 먼저 생각하고 존중하는 마음이었기에 선의 방법론이 보인 것이지요.

또한 바로의 입장에서는 요셉의 몇 마디 말에 마음이 움직인 것이 아닙니다. 그동안 요셉이 얼마나 성실하며 사심이 없고 중심에서 자신을 섬기는지 보았습니다. 이러한 신뢰가 쌓였기에 요셉의 말에 수긍하며 그가 의도한 대로 호의를 베풀어 준 것입니다.

그리고 이 모든 상황은 하나님 섭리 안에서 이루어진 일이었습니다. 요셉이 가족을 고센 땅에 인도한 것은 단순히 혈육에 대한 사사로운 정 때문이 아닙니다. 하나님 섭리 가운데 이스라엘 민족을 이루기 위해 자신이 할 일을 정확히 주관받았기에 담대하게 진행할 수 있었습니다.

3. 심화되는 기근에 대처하는 총리 요셉

"기근이 더욱 심하여 사방에 식물이 없고 애굽 땅과 가나안 땅이 기근으로 쇠약하니 요셉이 곡식을 팔아 애굽 땅과 가나안 땅에 있는 돈을 몰수히 거두고 그 돈을 바로의 궁으로 가져오니 애굽 땅과 가나안 땅에 돈이 진한지라 애굽 백성이 다 요셉에게 와서 가로되 돈이 진하였사오니 우리에게 식물을 주소서 어찌 주 앞에서 죽으리이까 요셉이 가로되 너희의 짐승을 내라 돈이 진하였은즉 내가 너희의 짐승과 바꾸어 주리라 그들이 그 짐승을 요셉에게 끌어오는지라 요셉이 그 말과 양 떼와 소 떼와 나귀를 받고 그들에게 식물을 주되 곧 그 모든 짐승과 바꾸어서 그해 동안에 식물로 그들을 기르니라

그해가 다하고 새해가 되매 무리가 요셉에게 와서 그에게 고하되 우리가 주께 숨기지 아니하나이다 우리의 돈이 다하였고 우리의 짐승 떼가 주께로 돌아갔사오니 주께 낼 것이 아무것도 남지 아니하고 우리의 몸과 전지뿐이라 우리가 어찌 우리의 전지와 함께 주의 목전에 죽으리이까 우리 몸과 우리 토지를 식물로 사소서 우리가 토지와 함께 바로의 종이 되리니 우리에게 종자를 주시면 우리가 살고 죽지 아니하고 전지도 황폐치 아니하리이다"(47:13~19)

오늘날과 같이 문명이 발달한 세상에서도 수많은 생명이 기근으로 죽어갑니다. 최악의 가뭄이 지속될 경우 농작물과 초목이 마르고 수많은 사람과 가축이 굶어 죽습니다. 그나마 요즘은 세계 각처에서 구호 식량을 보내 주기도 하지만 수천 년 전이라면 기근이 얼마나 두려운 재앙이었을까요? 더욱이 주변 나라까지 기근을 겪는다면 속수무책입니다.

하나님의 지혜를 받은 요셉은 애굽의 7년 흉년을 능히 극복할 수 있었습니다. 7년간의 풍년 때에 만반의 준비를 하여 극심한 흉년 중에도 애굽 창고에는 곡식이 쌓여 있었습니다.

이 곡식은 애굽 백성뿐 아니라 주변 나라 사람들에게 유일한 생명줄이 되었습니다. 양식이 떨어진 백성들은 돈을 내고 곡식을 사기 시작했습니다. 이렇게 거둬들인 재정으로 바로의 국고는 더욱 든든해져 갔습니다. 하지만 기근은 애굽과 가나안 땅에 있는 돈이 소진되고도 계속되었습니다.

백성들은 돈이 떨어지자 굶어 죽을 수 없으니 무상으로 식량을 달라고 요셉에게 간청합니다. 그때 요셉은 그들의 가축과 곡식을 맞바꾸자고 제안했고, 백성들은 흔쾌히 받아들입니다. 사람이 먹을 양식도 부족한 기근 중에 가축을 돌보는 일 자체가 짐스러웠기 때문입니다.

한 해가 지나자 가축도 남지 않아 더 이상 곡식을 구입할 방도가 없었습니다. 그러자 백성들은 요셉에게 이대로 두면 자신들은 어차피 죽을 수밖에 없고 토지도 황폐해질 것이니 자신들의 몸과 토지를 사라고 강청합니다. 양식을 주는 대신 자신들을 바로의 종으로 삼아 그의 토지를 경작하게 해달라는 것입니다.

4. 애굽의 새로운 토지 정책

"그러므로 요셉이 애굽 전지를 다 사서 바로에게 드리니 애굽 사람이 기근에 몰려서 각기 전지를 팖이라 땅이 바로의 소유가 되니라 요셉이 애굽 이 끝에서 저 끝까지의 백성을 성읍들에 옮겼으나 제사장의 전지는 사지 아니하였으니 제사장은 바로에게서 녹을 받음이라 바로의 주는 녹을 먹으므로 그 전지를 팔지 않음이었더라 요셉이 백성에게 이르되 오늘날 내가 바로를 위하여 너희 몸과 너희 전지를 샀노라 여기 종자가 있으니 너희는 그 땅에 뿌리라 추수의 오분 일을 바로에게 상납하고 사분은 너희가 취하여 전지의 종자도 삼고 너희의 양식도 삼고 너희 집 사람과 어린아이의 양식도 삼으라

그들이 가로되 주께서 우리를 살리셨사오니 우리가 주께 은혜를 입고 바로의 종이 되겠나이다 요셉이 애굽 토지법을 세우매 그 오분 일이 바로에게 상납되나 제사장의 토지는 바로의 소유가 되지 아니하여 오늘까지 이르니라" (47:20~26)

요셉은 토지를 전량 매입하여 바로에게 귀속시키고 백성들을 소작인으로 삼습니다. 어찌 보면 그의 정책이 매정하게 느껴질 수도 있습니다. 쌓아놓은 양식이 풍족하니 백성들에게 그냥 나눠 주면 좋을 텐데, 그렇지 않고 가축과 토지, 심지어 사람까지 바로에게 귀속되도록 했으니 말입니다.

만일 요셉이 무상으로 곡식을 나누어 준다면 어떻게 될까요? 공짜로 곡식을 분배받으면 불필요한 낭비가 생길 수 있습니다. '양식이 떨어지면 또 가서 받으면 되지…' 하는 안일한 마음에 쉽게 양식을 소비할 수 있고, 그러다 보면 아무리 비축한 곡식이 많다 해도 오랜 가뭄을 극복하기는 어렵습니다.

따라서 요셉은 곡식 값을 받아서 무분별한 낭비를 막았던 것입니다. 그렇다 하여 곡식 값을 과다하게 청구한 것이 아닙니다. 백성을 소작인으로 삼아 땅을 경작시킬 때도 결고 무리한 요구를 하지 않았습니다. 수

확량의 5분의 1, 곧 20%를 바로에게 상납하고 나머지는 그들의 양식과 종자로 쓰게 했습니다. 백성들의 고백을 보면 요셉이 무리한 요구를 하지 않았음을 알 수 있습니다. "주께서 우리를 살리셨사오니 우리가 주께 은혜를 입고 바로의 종이 되겠나이다" 하며 스스로 종이 되기를 청했습니다.

요셉의 기근 대처 방법이 공정하지 않았다면 어땠을까요? 궁지에 몰린 백성들이 불만을 품고 민란을 일으킬 수도 있습니다. "우리의 돈과 가축과 땅을 빼앗더니 우리까지 소작인으로 삼는구나." 하며 원망할 수도 있지요. 하지만 백성들은 "죽을 수밖에 없는 우리를 살려 주셨으니 당신의 은혜를 입었다." 하면서 오히려 감사해 합니다. 이렇게 요셉은 기근을 성공적으로 극복함으로 민생을 챙기면서도 바로에게 큰 부와 권세를 안겨 주었습니다.

이때 요셉의 지혜가 돋보이는 정책이 또 하나 있습니다. 토지 매입 대상에서 제사장의 논밭을 제외한 것입니다. 제사장들은 바로에게 속하여 녹을 받는 사람들입니다. 따라서 그들의 논밭을 매입 대상에서 제외한 것은 바로의 권위를 존중하는 격이 됩니다.

요셉이 지혜가 부족하고 의욕만 넘쳤다면 제사장의 논밭까지 사들여 바로의 소유로 삼았을 것입니다. 그러면 왕이 흡족해할 것이라 생각할 수 있지만 도리어 위험을 자초할 수도 있습니다. 왜 그럴까요?

총리 자리에 오른 요셉은 왕의 주선으로 애굽 제사장의 딸을 아내로 삼았지만 결코 우상을 섬기지 않았습니다. 오직 여호와 하나님만을 섬긴 것입니다. 그럼에도 그의 행함이 겸손하며 바로에게 전폭적인 신뢰를 받았기에 주변에서도 이를 묵인했지요. 이 상황에서 요셉이 제사장의 소유를 건드린다면 자칫 종교적인 갈등이 불거질 수 있습니다.

즉 '애굽의 신을 멸시하므로 제사장까지 우습게 보는 것이 아닌가?' 하는 의혹을 살 수 있습니다. 요셉은 이런 분쟁의 소지까지 예상하여 넘지 말아야 할 선을 넘지 않았던 것입니다. 겸손하게 바로에게 속한 분야를 존중함으로 그와의 신뢰관계를 유지해 갈 수 있었습니다.

이처럼 지혜로운 요셉으로 인해 애굽은 기근의 고비를 잘 넘겼고, 바로는 힘들이지 않고 왕권을 굳건히 하며 국력을 신장시켰습니다. 바로의 입장에서 요셉은 총체적인 위기를 극복하게 한 일등공신이며, 귀중한 보배였습니다. 더구나 변함없이 왕을 존중하며 선하고 겸손하여 아무 흠잡을 데가 없었으니 얼마나 그를 높여 주었겠습니까?

5. 야곱의 청대로 선영에 장사하기로 맹세하다

"이스라엘 족속이 애굽 고센 땅에 거하며 거기서 산업을 얻고 생육하며 번성하였더라 야곱이 애굽 땅에 십칠 년을 거하였으니 그의 수가 일백사십칠 세라 이스라엘의 죽을 기한이 가까우매 그가 그 아들 요셉을 불러 그에게 이르되 이제 내가 네게 은혜를 입었거든 청하노니 네 손을 내 환도뼈 아래 넣어서 나를 인애와 성심으로 대접하여 애굽에 장사하지 않기를 맹세하고 내가 조상들과 함께 눕거든 너는 나를 애굽에서 메어다가 선영에 장사하라 요셉이 가로되 내가 아버지의 말씀대로 행하리이다 야곱이 또 가로되 내게 맹세하라 맹세하니 이스라엘이 침상 머리에서 경배하니라"(47:27~31)

요셉이 애굽을 다스리는 동안 아버지 야곱과 그 후손은 고센 땅에서 생육하고 번성하며 유복한 삶을 누렸습니다. 이는 아브라함과 이삭과 야곱에게 이어져 온 하나님의 언약(창 12:2, 26:4, 28:3, 46:3)이 그대로 성취되고 있음을 보여 줍니다.

어느덧 세월이 흘러 야곱이 애굽으로 이주한 지 17년이 지났습니다. 그는 요셉을 만난 후 행복한 나날을 보냈습니다. 왜 하나님께서는 야곱에게 애굽에서의 17년이라는 세월을 허락하셨을까요?

요셉은 어릴 적 그토록 사랑해 주신 아버지를 22년 만에 만났습니다. 그런데 몇 년도 채 되지 않아 아버지가 돌아가시면 마음이 어떻겠습니까? 자의는 아니라 해도 제대로 효도 한 번 못하고 오랜 세월 고통만 안겨 드린 것이 너무나 죄송하고 마음 아플 것입니다.

하나님께서는 이러한 요셉의 마음을 헤아려 17년이라는 세월을 아버지와 함께할 수 있도록 허락해 주셨습니다. '17'이라는 숫자에는 '하나님께서 친히 주관하고 행하신다'는 영적인 의미가 담겨 있습니다.

요셉이 17세에 애굽으로 팔려가 연단받은 것이 하나님의 섭리였던 것처럼, 야곱이 요셉과 재회하여 복을 누린 17년의 세월도 하나님께서 친히 주관하여 이루셨음을 알 수 있습니다. 부자간에 함께한 세월은 요셉에게도 행복한 시간이었고 야곱에게도 유복한 말년이었습니다.

야곱은 육적으로만 편안하고 행복한 것이 아니라 영적으로도 많은 유익을 얻었습니다. 그는 요셉의 지혜로운 행함을 보며 지난날 자신의 부족함을 하나하나 깨우쳐 보게 되었습니다. 특히 요셉이 죽은 줄 알았을 때 하나님을 전적으로 의지하지 못하고 "내가 슬퍼하며 음부에 내려 아들에게로 가리라"고 절망했던 자신의 모습을 떠올리며 하나님 앞에 민망할 수밖에 없었습니다.

야곱은 임종이 다가왔음을 깨닫고 요셉에게 맹세하게 합니다. "네 손을 내 환도뼈 아래 넣어서 나를 인애와 성심으로 대접하여 애굽에 장사하지 않기를 맹세하고 내가 조상들과 함께 눕거든 너는 나를 애굽에서 메어다가 선영에 장사하라"

'환도뼈' 곧 넓적다리뼈는 영적으로 '곧은 것, 변개치 않는 것'을 의미합니다. 따라서 환도뼈 아래 손을 넣어 맹세한다는 것은 하나님 앞에서 그 약속을 아뢰는 것이며, 하나님께서 그 약속을 보장하고 인도하시도록 의뢰한다는 의미가 담겨 있습니다.

이렇게 맹세까지 시키면서 야곱이 조상의 무덤에 장사되기 원한 이유는 무엇일까요? 하나님께서 주신 꿈과 비전 곧 가나안 땅에서 그의 후손으로 큰 민족을 이루게 하신다는 믿음과 소망을 품고 있었기 때문입니다.

야곱은 아무리 오랜 세월이 지나고 환경이 바뀌어도 하나님의 약속을 잊지 않는 좋은 중심을 가졌습니다. 임종을 앞둔 순간까지 그 약속을 신실하게 믿으며, 선영에 묻힘으로써 사후에라도 자신의 신뢰를 증거하고자 했습니다. 그만큼 하나님의 약속에 대한 믿음이 확실했지요.

요셉도 마찬가지입니다. 어린 나이에 애굽으로 팔려왔지만 아버지로부터 배운 하나님의 약속이 마음에서 떠난 적이 없습니다. 단순히 아버지를 사랑하여 그 유언에 순종한 것이 아니라 야곱과 동일한 소망과 믿음으로 조상들의 무덤에 아버지를 장사하고자 한 것입니다.

이처럼 좋은 중심을 가졌기에 하나님께서는 야곱을 이스라엘의 조상으로 세우시고 그의 자손, 곧 요셉을 통해 애굽에서 이스라엘 민족이 형성되도록 역사하신 것입니다.

Joseph

Chapter 10

요셉의 두 아들, 므낫세와 에브라임

임종을 앞둔 야곱을 찾은 요셉

요셉의 두 아들에게 축복하는 야곱

야곱이 에브라임을 므낫세보다 앞세우다

요셉에게 더 많은 유산을 주는 야곱

1. 임종을 앞둔 야곱을 찾은 요셉

"이 일 후에 혹이 요셉에게 고하기를 네 부친이 병들었다 하므로 그가 곧 두 아들 므낫세와 에브라임과 함께 이르니 혹이 야곱에게 고하되 네 아들 요셉이 네게 왔다 하매 이스라엘이 힘을 내어 침상에 앉아 요셉에게 이르되 이전에 가나안 땅 루스에서 전능한 하나님이 내게 나타나 복을 허락하여 내게 이르시되 내가 너로 생육하게 하며 번성하게 하여 네게서 많은 백성이 나게 하고 내가 이 땅을 네 후손에게 주어 영원한 기업이 되게 하리라 하셨느니라

내가 애굽으로 와서 네게 이르기 전에 애굽에서 네게 낳은 두 아들 에브라임과 므낫세는 내 것이라 르우벤과 시므온처럼 내 것이 될 것이요 이들 후의 네 소생이 네 것이 될 것이며 그 산업은 그 형의 명의 하에서 함께하리라 내게 관하여는 내가 이전에 밧단에서 올 때에 라헬이 나를 따르는 노중 가나안 땅에서 죽었는데 그곳은 에브랏까지 길이 오히려 격한 곳이라 내가 거기서 그를 에브랏 길에 장사하였느니라(에브랏은 곧 베들레헴이라)"(48:1~7)

극심한 가뭄이라는 비상시국을 맞아 요셉은 한 나라의 총리로서 어

느 한 분야도 부족함 없게 처리해 나갔습니다. 더욱이 가족이 고센 땅에 머물게 된 후로는 전보다 더 최선을 다해 국정을 수행했습니다.

만약 요셉이 가족 돌보는 데에 마음을 쓰느라 국사에 소홀했다면 바로와 신하들의 시선이 고울 리가 없습니다. '그동안 충성한 것이 결국은 자기 가족을 데려와 배불리기 위한 것이었구나.' 하는 오해를 받을 수도 있습니다. 이러한 상황까지 예상했기에 요셉은 가족으로 인해 어떠한 흠이 생기지 않도록 더 많은 노력과 헌신을 했습니다. 그러기에 바로와 신하들은 요셉의 가족들이 애굽에 들어와서 자신들에게 도움이 되었다고 인식할 수 있었지요.

그렇다 해서 그가 가족에게 소홀했던 것은 아닙니다. 애굽 총리로서 성실하게 국정을 수행하면서 가족에게도 도리를 다했습니다. 그처럼 그리워하던 아버지를 22년 만에 만났으니 지난날을 보상해 드리기 위해서라도 얼마나 지극 정성을 다했겠습니까. 그렇지만 공평과 순리를 좇았기에 다른 사람에게 불편함을 주지 않았고, 자신의 직분과 사명에 소홀함이 없었던 것입니다.

어느 날 요셉은 아버지 야곱이 병들었다는 소식을 전해 듣습니다. 그는 두 아들 므낫세와 에브라임을 데리고 아버지를 찾아뵙습니다. 여기서 우리가 유념해 볼 것이 있습니다.

'혹이' 요셉에게 그의 아버지 야곱이 병들었다 고하고, '혹이' 야곱에게 그의 아들 요셉이 온다고 고합니다. 여기서 '혹이'는 '어떤 사람이'라는 의미입니다. 이를 통해 요셉과 고센 땅에 사는 가족들 사이를 오가며 메신저 역할을 하는 사람이 있었음을 알 수 있습니다.

요셉은 이 사람을 통해 아버지와 가족의 안부를 전해 들었기에 비록 몸은 떨어져 있었지만 그들의 형편을 세세히 파악해 필요에 따라 섬길 수 있었습니다. 메신저를 둠으로 누구에게도 불편을 주지 않고 조용히 가족을 돌볼 수 있었던 것입니다.

그런데 '야곱이 임종을 앞두고 병이 들었다'는 것은 어디까지나 소식을 전해 온 사람의 말입니다. 물론 야곱이 나이가 많고 기력이 쇠한 데다 눈까지 어두워진 것은 맞습니다. 그러나 질병으로 인한 것은 아닙니다. 다만 노쇠하니 거동이 불편하여 자리에 눕게 된 것인데, 이 모습을 보고 전하는 사람이 '병들었다.' 한 것입니다.

야곱이나 그의 아버지 이삭이 나이가 많아 눈이 흐려지고 기운이 쇠한 것은 그들이 하나님의 마음을 온전히 닮지 못했기 때문입니다. 신명기 34장 7절에 "모세의 죽을 때 나이 일백이십 세나 그 눈이 흐리지 아니하였고 기력이 쇠하지 아니하였더라" 말씀합니다. 모세의 임종 직전의 모습을 굳이 성경에 기록해 놓으신 것은 하나님을 온전히 닮은 사람들의 마지막 모습이 어떠한지를 알려 주기 위함입니다.

이삭이나 야곱도 편안한 임종을 맞이했다 할 수 있습니다. 하지만 몸이 쇠하여 여러 신체 기능이 떨어져 죽음을 맞이하는 것과, 모세처럼 마지막까지 강건하게 살다가 때가 되어 하나님께서 기운을 진하게 하심으로 임종을 맞는 것은 다릅니다.

기운이 쇠해 침상에 누워 지내던 야곱은 요셉이 왔다는 말을 듣자 힘을 내어 일어나 앉았습니다. 그리고 요셉에게 하나님께서 자신에게 주신 언약의 말씀에 대해 설명합니다.

이전에 하나님께서 가나안 땅 루스, 곧 벧엘에 나타나 '야곱을 통해 생육하고 번성하여 많은 국민이 나고 왕들이 나오며 아브라함과 이삭에게 준 가나안 땅으로 영원한 기업이 되게 하겠다' 하신 말씀입니다(창 35:11~12).

또한 야곱은 요셉의 두 아들 에브라임과 므낫세에 대해 "내 것이라" 말합니다. 손자인 에브라임과 므낫세를 자신의 아들처럼 대우하겠다는 의미입니다. 즉 야곱 자신을 통해 이루시겠다는 하나님 축복의 언약 안에 요셉의 두 아들이 들어오도록 한 것입니다.

이어서 "이들 후의 네 소생이 네 것이 될 것이며 그 산업은 그 형의 명의 하에서 함께하리라" 합니다. 이는 요셉의 두 아들 외에 앞으로 낳을 자손까지도 축복의 언약 안에 포함되도록 해 준 것입니다. 므낫세와 에브라임에게 임하는 축복이 그들에게까지 연결된다는 의미입니다.

그러면서 야곱은 갑자기 아내 라헬에 대해 언급합니다. "내가 이전에 밧단에서 올 때에 라헬이 나를 따르는 노중 가나안 땅에서 죽었는데 그곳은 에브랏까지 길이 오히려 격한 곳이라 내가 거기서 그를 에브랏 길에 장사하였느니라"

임종을 앞두고 이같이 말한 이유는 그가 라헬을 얼마나 사랑하였으며, 라헬이 요셉을 낳아 얼마나 기뻤는지, 또한 요셉을 얼마나 사랑했는지 그의 마음을 표현한 것입니다.

요셉에게 어머니 라헬이 어디에 장사되었는지 다시 한 번 상기시키며 두 손자에게도 알리고 있습니다. 앞으로 그들이 살아갈 때에 조상에 대해 늘 마음에 두도록 하려는 것입니다.

이를 통해 야곱의 147년 인생 중에 라헬이 그의 마음에 얼마나 크게 자리 잡고 있었는지 알 수 있습니다. 오랜 세월이 흘렀지만 라헬에 대한 변함없는 사랑을 간직하고 있음도 느낄 수 있지요.

2. 요셉의 두 아들에게 축복하는 야곱

"이스라엘이 요셉의 아들들을 보고 가로되 이들은 누구냐 요셉이 그 아비에게 고하되 이는 하나님이 여기서 내게 주신 아들들이니이다 아비가 가로되 그들을 이끌어 내 앞으로 나아오라 내가 그들에게 축복하리라

이스라엘의 눈이 나이로 인하여 어두워서 보지 못하더라 요셉이 두 아들을 이끌어 아비 앞으로 나아가니 이스라엘이 그들에게 입맞추고 그들을 안고 요셉에게 이르되 내가 네 얼굴을 보리라고는 뜻하지 못하였더니 하나님이 내게 네 소생까지 보이셨도다

요셉이 아비 무릎 사이에서 두 아들을 물리고 땅에 엎드려 절하고 우수로는 에브라임을 이스라엘의 좌수를 향하게 하고 좌수로는 므낫세를 이스라엘의 우수를 향하게 하고 이끌어 그에게 가까이 나아가매 이스라엘이 우수를 펴서 차자 에브라임의 머리에 얹고 좌수를 펴서 므낫세의 머리에 얹으니 므낫세는 장자라도 팔을 어긋맞겨 얹었더라

그가 요셉을 위하여 축복하여 가로되 내 조부 아브라함과 아버지 이삭의 섬기던 하나님, 나의 남으로부터 지금까지 나를 기르신 하나님, 나를 모든 환난에서 건지신 사자께서 이 아이에게 복을 주시오며 이들로 내 이름과 내 조부 아브라함과 아버지 이삭의 이름으로 칭하게 하시오며 이들로 세상에서 번식되게 하시기를 원하나이다"(48:8~16)

야곱은 요셉의 아들들을 보고 "이들은 누구냐"고 묻습니다. 그들이 누구인지 몰라서가 아니라 요셉에게 직접 듣기 원해서였습니다. 이때 요셉이 생각을 동원했다면 '아버지께서 나이가 드시니 손자들도 못 알아보시는구나.' 했을 것입니다. 하지만 요셉은 질문의 의도를 알기에 "이는 하나님이 여기서 내게 주신 아들들이니이다"라고 정확히 대답합니다.

그냥 "제 아들들입니다." 한 것이 아니라 하나님께서 주신 아들들임을 고백합니다. 그들은 비록 애굽 땅에서 태어났지만 하나님께서 허락하신 아들들이므로 아브라함과 이삭과 야곱에게 약속하신 하나님 섭리 안에 들어 있음을 표현한 것입니다.

여기서 한 가지 명심해야 할 것이 있습니다. 질문의 의도를 분명히 깨달아야 바른 대답을 할 수 있다는 사실입니다.

마가복음 5장에 열두 해 혈루증을 앓던 여인이 예수님의 옷자락에 손을 대고 병을 치료받는 장면이 나옵니다. 이때 예수님께서 그 능력이 자기에게서 나간 줄을 아시고 "누가 내 옷에 손을 대었느냐?" 물으십니다. 이는 옷깃만 만져도 치료받겠다는 여인의 선한 마음을 읽으시고 이를 드러내어 여인의 병을 더 온전히 치료해 주시기 위해서였습니다.

그러나 예수님의 의중을 모르는 제자들은 오히려 "무리가 에워싸 미는 것을 보시며 누가 내게 손을 대었느냐 물으시나이까" 말합니다. 이 말은 '많은 사람이 에워싸 이리저리 밀치는 상황에서 어쩌다 예수님의 옷을 만졌을 수 있는데 뭐 그런 것을 물으시냐'는 뜻이지요. 질문하시는 의중을 전혀 깨닫지 못한 채 외적인 상황만을 대답한 것입니다. 마치 예수님께서 그러한 상황조차 파악하지 못하신 것으로 생각하고 있습니다.

이때 제자들이 영적으로 깨어 있었다면 어떻게 했을까요? '지금 상황이 어떤지 예수님도 분명히 아실 텐데…. 저 질문을 하시는 데는 반드시 이유가 있을 것이다.'라고 생각했을 것입니다.

요셉은 하나님 섭리 가운데 애굽 총리가 되어 영적인 장자 역할을 하는 자신과 두 아들에게 축복하려는 아비의 마음을 헤아려 믿음의 고백을 했습니다. 그리고 "그들을 이끌어 내 앞으로 나아오라"는 아버지의 말대로 두 아들을 앞으로 데리고 갑니다.

눈이 어두워 잘 보이지 않는 야곱은 손자들에게 입을 맞추며 그들을 안고 그 기쁨을 요셉에게 말합니다. "내가 네 얼굴을 보리라고는 뜻하지 못하였더니 하나님이 내게 네 소생까지 보이셨도다" 하지요.

이에 요셉은 아버지 야곱에게서 두 아들을 잠시 물리고 땅에 엎드려 절합니다. 그런 뒤 아버지가 오른손은 장자 므낫세에게, 왼손은 차자 에브라임에게 얹고 축복할 수 있도록 두 아들을 이끌었습니다.

사람은 대부분 왼손보다 오른손이 더 강하고 힘이 셉니다. 성경에서 오른손은 '권세와 능력'(사 62:8 ; 계 1:16~17, 2:1, 10:5) 또는 '강력한 힘'(출 15:6 ; 시 17:7, 89:13)을 의미합니다. 또한 오른손은 축복하는 손이기도 합니다(창 48:14).

요셉은 장자 므낫세에게 더 큰 축복이 가도록 하는 것이 질서라고 생각했기에 므낫세를 아버지의 오른편에 서게 했습니다. 그런데 뜻밖에도 야곱은 팔을 어긋맞겨 얹습니다. 팔을 X자 모양으로 교차하여 오른손이 차자 에브라임에게 향하고 왼손이 장자 므낫세에게 가도록 합니다.

야곱은 그 상태에서 두 손자에게 축복을 빌어 줍니다. "내 조부 아브라함과 아버지 이삭의 섬기던 하나님, 나의 남으로부터 지금까지 나를 기르신 하나님, 나를 모든 환난에서 건지신 사자께서 이 아이에게 복을 주시오며 이들로 내 이름과 내 조부 아브라함과 아버지 이삭의 이름으로 칭하게 하시오며 이들로 세상에서 번식되게 하시기를 원하나이다"

3. 야곱이 에브라임을 므낫세보다 앞세우다

"요셉이 그 아비가 우수를 에브라임의 머리에 얹은 것을 보고 기뻐 아니하여 아비의 손을 들어 에브라임의 머리에서 므낫세의 머리로 옮기고자 하여 그 아비에게 이르되 아버지여 그리 마옵소서 이는 장자니 우수를 그 머리에 얹으소서 아비가 허락지 아니하여 가로되 나도 안다 내 아들아 나도 안다 그도 한 족속이 되며 그도 크게 되려니와 그 아우가 그보다 큰 자가 되고 그 자손이 여러 민족을 이루리라 하고 그날에 그들에게 축복하여 가로되 이스라엘 족속이 너로 축복하기를 하나님이 너로 에브라임 같고 므낫세 같게 하시리라 하리라 하여 에브라임을 므낫세보다 앞세웠더라"(48:17~20)

아버지가 오른손을 차자인 에브라임의 머리에 얹은 것을 본 요셉은 그 손을 므낫세에게 옮기기를 청합니다. 이때 야곱은 "나도 안다 내 아들아 나도 안다 그도 한 족속이 되며 그도 크게 되려니와 그 아우가 그보다 큰 자가 되고 그 자손이 여러 민족을 이루리라" 하며 이를 허락하지 않습니다.

야곱은 왜 요셉의 기대와 반대로 행한 것일까요? 이는 하나님의 섭리 안에서 주관을 받았기 때문입니다. 사람의 생각으로는 장자 므낫세에게 더 큰 축복이 가야 할 것 같지만 야곱은 하나님의 주관하심에 순종한 것입니다. 예전에 이삭이 하나님의 뜻과 섭리를 알면서도 굳이 맏아들 에서에게 장자의 축복을 주려 했던 사건과 대비되는 모습입니다.

창세기 25장을 보면 이삭은 하나님 섭리 가운데 차자인 야곱의 후손이 장자인 에서의 후손보다 더 크게 되고 에서가 야곱을 섬기게 될 것을 알았습니다. 그럼에도 에서를 더 사랑하여 그에게 별미를 만들어 오게 해서 축복해 주려고 했지요.

그러나 이를 알아챈 아내 리브가가 꾸민 계책으로 결국 장자의 축복은 야곱에게 돌아갑니다. 그로 인해 야곱은 오랜 연단의 길로 접어들었고, 형 에서와 화해하기까지 철저히 자신을 깨뜨리는 시간이 있어야 했습니다.

만약 이삭이 하나님의 뜻과 섭리를 좇았더라면 어땠을까요? 두 아들 사이에 원수를 맺는 비극은 일어나지 않았을 것입니다. 야곱은 이러한 체험이 있었기에 인간적인 정과 생각이 아닌 오직 하나님의 주관하심에 따라 차자 에브라임에게 더 큰 축복을 빌어 주려 했습니다.

그렇다면 아버지보다 영적으로 앞선 요셉이 왜 이 일에는 정확하게 주관받지 못한 것일까요? 이 상황에서는 하나님의 뜻을 이루는 주체가 요셉이 아니라 야곱이기 때문입니다. 이스라엘 열두 지파를 세우는 것은 야곱을 통해서 이루어지는 일이었습니다. 즉 장차 이스라엘 열두 지파를 이루는 에브라임과 므낫세를 축복하는 것은 야곱의 몫입니다.

그래서 하나님께서는 요셉이 아닌 야곱을 주관하여 에브라임과 므낫세에게 축복하도록 역사하신 것입니다. 다시 말해 요셉이 주관을 잘못 받은 것이 아니라 지금은 하나님께서 야곱을 주관하여 그 뜻을 이루고 계시다는 말입니다.

여기에는 중요한 영적 교훈이 담겨 있습니다. 고린도전서 14장 30절을 보면 "만일 곁에 앉은 다른 이에게 계시가 있거든 먼저 하던 자는 잠잠할지니라" 했습니다. 하나님은 어지러움의 하나님이 아니요, 화평의 하나님이시기 때문에 반드시 질서를 좇아 역사하십니다(고전 14:33).

예를 들어, 여러 사람에게 계시를 주신다 해도 계시받는 사람 간에 조화를 이루도록 질서를 좇아 정확히 역사하십니다. 내가 먼저 계시를 받았다 해도 다른 사람에게 계시가 임했다면 그 순간에 하나님께서 다른 사람의 입술을 통해 역사하고 계심을 깨달아 스스로 잠잠해야 합니다. 이에 고린도전서 14장 32절에 "예언하는 자들의 영이 예언하는 자들에게 제재를 받나니" 말씀합니다.

계시나 예언에만 국한된 말씀이 아닙니다. 하나님의 일을 이룸에 있어 '내 주관이 100% 맞다. 나만 옳다.' 하면 안 됩니다. 이는 마치 하나님께서 오직 자신에게만 역사하신다고 생각하는 것과 같습니다. 나에게 역사하시는 하나님께서 다른 사람을 통해서도 역사하실 수 있음을 깨닫고 인정할 때 모든 일을 화평 가운데 아름답게 이룰 수 있습니다.

요셉은 하나님의 역사를 온전히 인정하는 사람입니다. 그래서 아버지 야곱이 자기 생각과 반대로 행해도 이내 생각을 돌이켜 아버지의 뜻을 따랐습니다. 처음에는 아버지에게 손을 바꾸어 오른손을 장자 므낫세에게 얹어 축복해 주시라고 했지만 이때도 강하게 주장하거나 자기 의견을 관철시키려 한 것이 아닙니다. 다만 자기의 생각을 비춘 것입니다.

그러자 야곱은 "나도 안다 아들아 나도 안다"라고 대답함으로써 분명한 의도가 있음을 표현합니다. 더욱이 팔까지 어긋맞겨 축복을 빌어 준 것은 하나님께서 그의 마음을 강하게 주관하고 계심을 보여 줍니다.

이에 요셉은 아버지의 의중을 알아채고 더는 말하지 않았습니다. 아버지 야곱이 육적인 질서상 위였고, 영적으로도 그를 존중했기 때문입니다. 이처럼 요셉은 자신만 옳다 하거나 영의 질서를 앞세워 육의 질서를 무시하지 않고 모든 것을 하나님께 맡겼습니다. '진정한 섬김'이 무엇인지 보여 주는 모습이지요.

하나님은 영과 육, 모든 세계의 주인이시며 모든 것을 주관하시는 분입니다. 하나님께서는 이 세상을 지으실 때 영의 질서만이 아니라 육의 질서도 두셨습니다. 그러므로 육의 질서도 잘 지켜야 영의 질서 또한 온전해질 수 있습니다.

물론 영의 질서와 육의 질서를 놓고 본다면 당연히 영의 질서가 우선되어야 합니다. 그러나 영의 질서를 내세워 육의 질서를 무시한다면 참된 영의 질서라 할 수 없습니다. 하나님께서는 육의 질서를 어그러뜨리지 않으면서도 영의 질서를 정확히 좇아 이루십니다.

'진정한 섬김'은 영의 질서와 육의 질서 중 어느 하나도 어그러뜨리지 않고 조화를 이루어 나갈 때 이루어집니다. 그러면 영의 질서와 육의 질서가 조화를 이루기 위해서는 어떻게 해야 할까요?

영의 질서상 앞서 있다 해도 육의 질서를 존중하고, 연륜이나 직급 등 육의 질서상 앞서 있다 해도 영의 질서를 우선시하는 마음을 서로가 가질 때 영육 간에 조화가 이루어질 수 있습니다.

요셉이 아버지 야곱의 말을 듣고 이내 돌이킨 또 다른 이유가 있습니다. 진정한 축복이 임하기 위해서는 얼마나 큰 축복을 빌어 주느냐도 중요하지만, 그 축복을 어떻게 자신의 것으로 만드느냐가 더 중요하다는 것을 잘 알고 있었기 때문입니다.

이는 그가 직접 체험하며 깨달은 사실입니다. 하나님께서 큰 꿈과 비전을 주셨을 때, 요셉은 단순히 그 약속만 믿고 대충 살지 않았습니다. 꿈을 이루기 위해 하나님 뜻에 순종하며 최선을 다해 살았지요. 그랬을 때 하나님의 약속이 성취될 수 있었습니다.

마찬가지로 야곱이 므낫세보다 에브라임에게 더 큰 축복을 빌어 주어도 결국은 각자가 하나님 앞에 어떻게 행하느냐에 따라 축복이 달라집니다. 에브라임과 므낫세가 받은 축복의 결과는 이스라엘 역사를 통해 알 수 있습니다.

야곱은 하나님의 사람이므로 그가 빌어 준 대로 훗날 에브라임의 후손에게 더 큰 축복이 임합니다. 실제로 에브라임 지파는 출애굽 당시 여호수아라는 뛰어난 지도자를 배출하였을 뿐만 아니라 가나안 땅을 분배받을 때도 심장부와 같은 지역을 기업으로 받았지요. 영향력 면에서도 므낫세 지파보다 월등히 앞섰습니다.

하지만 훗날 에브라임 지파는 하나님 뜻과 반대되는 악들을 행합니다. 사울 왕이 죽고 다윗이 즉위할 때 이에 맞서 일부 사울 추종자들이 사울의 아들 이스보셋을 왕으로 추대합니다. 이때 에브라임 지파가 그들 편이 됩니다. 뿐만 아니라 솔로몬의 죽음 이후 왕권의 축복을 받은 유다 지파에 대항하여 북왕국 이스라엘을 세우는 데 주도적인 역할을 합니다.

북이스라엘 초대 왕 여로보암이 바로 에브라임 지파였습니다. 에브라임 지파를 중심으로 세워진 북왕국 이스라엘은 이후 적극적으로 우상을 섬김으로 점차 하나님에게서 멀어져 갔습니다. 외형적인 모습은 영향력 있고 그럴 듯하지만 내적으로는 심히 타락했지요.

결국 에브라임 지파는 어떻게 되었을까요? 요한계시록 7장에 나오는 이스라엘 열두 지파의 명단에서 제외된 것을 볼 수 있습니다. 이를 통해 우리가 얻을 수 있는 교훈은 아무리 하나님의 큰 언약의 말씀과 놀라운 축복 기도를 받았다 해도 결국 '자기 하기'에 달려 있다는 것입니다.

축복의 말씀이 이루어지기까지는 공의 가운데 자신의 노력과 변화의 과정이 반드시 있어야 합니다. 하나님께서 축복의 말씀을 주실 때도 대부분 '이렇게 하면 하나님의 축복이 임한다.'는 단서가 붙는 것을 볼 수 있습니다.

그러므로 하나님께서 주시는 축복의 말씀이 온전히 열매 맺기 위해서는 결과만 바라볼 것이 아니라 과정에도 충실해야 합니다. 매 순간 하나님의 뜻을 바로 깨닫고 신실하게 행해 나갈 때만이 진정 하나님께서 주신 축복의 말씀이 온전한 열매로 맺힐 수 있습니다(히 10:36).

4. 요셉에게 더 많은 유산을 주는 야곱

"이스라엘이 요셉에게 또 이르되 나는 죽으나 하나님이 너희와 함께 계시사 너희를 인도하여 너희 조상의 땅으로 돌아가게 하시려니와 내가 네게 네 형제보다 일부분을 더 주었나니 이는 내가 내 칼과 활로 아모리 족속의 손에서 빼앗은 것이니라"(48:21~22)

이스라엘의 조상 야곱은 다른 자녀들보다 요셉에게 더 많은 유산을 주었습니다. 그가 끝까지 요셉을 편애한 것일까요? 그렇지 않습니다.

하나님의 섭리 가운데 야곱의 열두 아들을 통해 이스라엘 민족을 형성하는 과정에서 요셉은 가장 중요한 역할을 감당했습니다. 그로 인해 모든 일이 가능했다고 할 수 있을 정도로 큰 공을 세웠습니다.

또한 요셉은 열두 아들 중에 누구보다 하나님의 사랑과 인정을 받은 사람이니 그에게 가장 큰 축복이 돌아가는 것은 당연합니다. 그래서 하나님께서는 야곱의 마음을 주관하여 더 많이 축복하신 것입니다.

야곱의 유언은 훗날 어떻게 성취되었을까요? 이스라엘 자손은 400여 년 후 출애굽하여 조상의 땅으로 돌아갑니다. 70여 명에 불과했던 이스라엘 민족은 400여 년이 흐르는 동안 놀랍게 번성하여 장정만 해도 60만 명이 넘었습니다. 여기에 여자와 아이들, 노인들까지 합한다면 족히 200만 명이 넘는 엄청난 수입니다.

이처럼 큰 민족을 이룬 이스라엘 백성이 가나안 땅에 들어갔을 때 요셉의 두 아들 에브라임과 므낫세는 각각 독립된 지파로 인정받아 기업을 분배받았습니다. 결국 요셉은 그의 형제보다 두 배를 받은 것입니다.

하나님께 사랑받는 사람은 그만한 이유가 있습니다. 따라서 '누구는 왜 나보다 더 사랑받는가?' 하며 시기 질투할 것이 아니라 '그가 왜 더 사랑받고 축복받는지' 그 이유를 깨닫는 것이 중요합니다.

시편 119편 2절에 "여호와의 증거를 지키고 전심으로 여호와를 구하는 자가 복이 있도다" 말씀합니다. 누구든지 창조주 하나님을 믿고 그 말씀을 지키며 전심으로 하나님을 구하는 자, 즉 하나님을 사랑하여 간절히 찾는 자가 복이 있다는 말씀입니다.

갈라디아서 6장 7절에는 "스스로 속이지 말라 하나님은 만홀히 여김을 받지 아니하시나니 사람이 무엇으로 심든지 그대로 거두리라" 말씀합니다. 우리가 눈가림하듯 대충대충 하면서 하나님의 사랑과 축복을 받을 수는 없습니다. 애굽 총리가 된 요셉은 하나님 말씀을 지켰고 전심으로 하나님을 사랑하여 늘 그분을 바라며 찾았기에 큰 사랑과 축복을 받을 수 있었던 것입니다.

Joseph

Chapter 11

이스라엘 조상 야곱의 유언과 죽음

임종을 앞두고 아들들을 불러 모으는 야곱

죄의 담으로 장자권을 잃은 르우벤

악행에 대한 보응을 받는 시므온과 레위

유다 지파를 통해 메시아가 오실 것을 예언하다

스불론, 잇사갈, 단에 대한 야곱의 유언

갓, 아셀, 납달리에 대한 야곱의 유언

요셉과 베냐민에 대한 야곱의 유언

가나안 땅에 장사해 달라고 당부하는 야곱

1. 임종을 앞두고 아들들을 불러 모으는 야곱

"야곱이 그 아들들을 불러 이르되 너희는 모이라 너희의 후일에 당할 일을 내가 너희에게 이르리라 너희는 모여 들으라 야곱의 아들들아 너희 아비 이스라엘에게 들을지어다"(49:1~2)

야곱이 죽은 줄만 알았던 아들 요셉을 만나 애굽에서 산 17년, 그 모든 세월이 그에게는 감사의 시간이었습니다. "내 삶에 있어서 한순간 한순간 모든 것이 후회 없이 살았던 것은 아니었으되, 하나님의 소중한 간섭 속에 저를 이와 같이 변화시켜 주셨고 인도하셨으며 이제 이와 같이 많은 자손을 이루게 함으로 그 자손들에게 하나님의 축복이 가게 하심에 감사를 드리나이다." 고백할 수밖에 없었습니다.

이제 임종을 앞둔 야곱은 그의 열두 아들을 불러 유언을 남깁니다. "너희의 후일에 당할 일을 내가 너희에게 이르리라" 하지요. 이는 자기 생각 가운데 한 말이 아닙니다. 사람의 앞일을 아시는 분은 오직 하나님 한 분뿐이기 때문입니다.

야곱의 유언은 전적으로 하나님께서 그를 주관하여 말하게 하신 것입니다. 이는 훗날 그 후손을 통해 그대로 성취되었습니다. 그런데 각 지파의 조상이 되는 열두 아들에게 예언의 말씀이 주어졌다 하여 그 지파에 속한 모든 사람에게 동일하게 임하지는 않습니다.

각자의 행함에 따라 축복이 달라집니다. 곧 축복의 말씀이 주어진 지파 중에서도 언약에서 벗어날 사람이 있을 수 있고, 저주의 말씀이 주어진 지파 중에서도 축복의 테두리 안에 들어올 사람도 있는 것입니다.

예를 들어, 열두 아들의 현재 모습만 생각한다면 구세주로 오실 예수님께서 영적으로 가장 뛰어난 요셉의 후손으로 오시는 것이 합당해 보입니다. 그러나 예수님은 부끄러운 가족사가 있는 유다 지파의 후손으로 오셨습니다. 이는 유다가 특별히 뛰어나거나 온전해서가 아닙니다.

하나님께서는 훗날 메시아를 이 땅에 보내실 무렵, 유다 지파에서 요셉이라는 인물이 나올 것과, 그가 얼마나 선한 중심인지를 아셨습니다. 또한 그의 아내가 될 마리아 역시 어떤 마음과 중심을 소유했는지 아셨습니다. 마리아가 정혼자인 요셉과 동침하기 전에 잉태한 사실을 요셉이 알았을 때 그의 반응이 어떠할지도 아셨지요(마 1:19). 하나님께서는 예수님이 선한 부모 아래 성장할 수 있도록 그들을 택하신 것입니다.

이처럼 하나님께서는 현재도 보지만 앞일도 아시기에 가장 합당하게 역사하십니다. 야곱의 아들들에게 말씀을 주실 때도 마찬가지입니다. 그동안 그들이 심고 행한 대로 주셨지만, 동시에 그들이 얼마나 선한 중심이며 쓰임 받을 만한 그릇인가를 보셨습니다.

그리고 각 지파에게 주신 말씀이라도 그 후손이 어떻게 행하느냐에 따라 개개인에게 임하는 축복이 달랐습니다. 이것이 공의입니다. 하나님께서는 선한 중심을 가진 요셉의 후손을 통해서만 이스라엘 민족을 이루신 것이 아닙니다. 야곱의 열두 아들을 통해 이스라엘을 이루고 각 사람의 중심과 행함에 따라 역사해 가셨습니다.

2. 죄의 담으로 장자권을 잃은 르우벤

"르우벤아 너는 내 장자요 나의 능력이요 나의 기력의 시작이라 위광이 초등하고 권능이 탁월하도다마는 물의 끓음 같았은즉 너는 탁월치 못하리니 네가 아비의 침상에 올라 더럽혔음이로다 그가 내 침상에 올랐었도다"(49:3~4)

야곱은 먼저 장자 르우벤에게 유언합니다. 이스라엘 역사에서 특히 족장시대에 장자가 갖는 의미는 매우 큽니다. 르우벤 또한 많은 것을 보장받을 수 있는 위치에 있었습니다.

'위광이 초등하고 권능이 탁월하다'는 것은 곧 장자에게 보장되는 권한을 설명합니다. 위광(威光)은 '감히 범할 수 없는 권위나 위엄'을 말하고, 초등(超等)은 '등급을 뛰어넘다, 모든 상징적 실력을 초월하다.'라는 의미입니다. 그리고 권능이 탁월하다는 말은 장자로서 영육 간에 절대적인 권한이 보장된다는 뜻입니다.

그런데 르우벤은 장자로서 보장된 축복을 받지 못합니다. 축복이 임할 수 없는 커다란 죄의 담이 있었기 때문입니다. 예전에 아버지 야곱의 첩인 빌하와 통간한 사건이지요. 사건 당시 야곱은 그들의 허물을 드러내지 않고 잠잠히 덮어두었습니다. 모두를 살리고자 하는 마음에서였지만 그렇다 해서 르우벤의 죄가 없어진 것은 아닙니다. 야곱이 덮어두고 지나갔다 해도 르우벤 입장에서는 하나님 앞에 통회자복 함으로 죄의 담을 헐어야 합니다.

그러지 않으면 공의 가운데 심판을 받습니다. 설령 이 땅에서는 넘어갔다 해도 장차 백보좌 대심판 때에는 선악 간에 호리라도 남김없이 심판을 받게 됩니다. 이는 누구도 피해갈 수 없지요.

르우벤의 경우도 범죄했던 당시에는 그냥 덮어두었지만 결국 그 일로 인해 장자권을 박탈당합니다. 또한 그의 지파도 뛰어나지 못할 것이라는 보응의 말씀을 듣습니다. 실제 이스라엘 역사를 보면 르우벤 지파 중에서는 사사나 선지자, 왕 등의 뛰어난 인물이 배출되지 못했습니다. 출애굽 이후 광야 생활을 할 때 그나마 지도자급에 있던 다단과 아비람은 모세를 대적하는 고라에게 동조했다가 멸망당하고 맙니다.

그렇다면 하나님께서 르우벤과 그 후손에게 '너희 지파의 운명이니 어쩔 수 없다. 그냥 받아들이라.'는 의미로 말씀하신 것일까요? 하나님께서는 르우벤이 돌이켜 회개하기 원하셨습니다. 그 후손 역시 이 말씀을 명심하여 그릇된 길로 가지 않기를 바라셨지요.

만약 르우벤과 그 지파의 운명이 아무리 노력해도 바뀔 수 없다면 하나님께서 굳이 과거의 허물을 언급할 필요가 없으셨을 것입니다. 어차피 죄악을 회개하지 않으므로 멸망할 것이기 때문입니다. 르우벤의 허물을 상기시킨 것은 그가 지금이라도 회개하고 온전한 구원과 축복에 이르기를 원하셨기 때문입니다.

하나님께서 사람들의 허물에 대해 묵과하신다면 어떻게 될까요? 많은 사람이 죄를 짓고도 회개치 않으므로 시험 환난을 당하고 결국 사망에 이를 수밖에 없습니다. 따라서 죄를 지적하고 드러내는 것은 "책망을 받는 모든 것이 빛으로 나타나나니 나타나지는 것마다 빛이니라"(엡 5:13) 하신 대로 회개하여 구원과 축복에 이르기를 바라시기 때문입니다. 이것이 하나님의 사랑입니다.

3. 악행에 대한 보응을 받는 시므온과 레위

"시므온과 레위는 형제요 그들의 칼은 잔해하는 기계로다 내 혼아 그들의 모의에 상관하지 말지어다 내 영광아 그들의 집회에 참예하지 말지어다 그들이 그 분노대로 사람을 죽이고 그 혈기대로 소의 발목 힘줄을 끊었음이로다 그 노염이 혹독하니 저주를 받을 것이요 분기가 맹렬하니 저주를 받을 것이라 내가 그들을 야곱 중에서 나누며 이스라엘 중에서 흩으리로다"(49:5~7)

야곱은 장자에 이어 둘째, 셋째 아들인 시므온과 레위에게 유언합니다. 그들을 '잔해하는 기계'라고 표현한 것은 이전에 세겜 족속에게 행한 일 때문입니다.

야곱이 밧단아람에 있는 외삼촌 라반의 집에 머물다가 20년 만에 가나안 땅으로 돌아와 세겜 성 앞에서 거주한 적이 있습니다. 그 당시 야곱의 딸 디나가 세겜 성 여자들을 구경하러 나갔다가 성의 추장인 세겜에게 강간당하는 사건이 일어납니다. 세겜은 뒤늦게 그의 아비 하몰과 함께 야곱을 찾아와 디나와의 결혼을 허락해 달라고 합니다.

이에 야곱의 아들들은 결혼 조건으로 세겜 성의 모든 남자가 할례를 받아야 한다고 요구했습니다. 그들은 흔쾌히 이 조건을 받아들입니다. 그런데 세겜 남자들이 할례하여 고통받고 있을 때 디나의 동복 오라비 시므온과 레위가 성을 급습하여 모든 남자를 죽였습니다. 악을 악으로 갚은 것입니다.

물론 세겜의 죄가 작은 것은 아니지만 그렇다 하여 시므온과 레위의 보복이 정당화될 수는 없습니다. 그들이 하나님을 경외하는 마음이 있었다면 직접 보복할 것이 아니라 모든 것을 아시는 하나님께 맡겼어야 합니다.

이처럼 간교한 계략으로 많은 사람을 잔인하게 죽인 시므온과 레위에게 야곱은 악에 대한 보응의 말씀을 전합니다. "그들의 칼은 잔해하는 기계로다 내 혼아 그들의 모의에 상관하지 말지어다 내 영광아 그들의 집회에 참예하지 말지어다" 후대 사람들에게 어떤 상황에서도 결코 악에 동참하면 안 된다고 당부하는 말입니다.

시편 1편 1절에 '복 있는 사람은 악인의 꾀를 좇지 아니하며 죄인의 길에 서지 아니한다'고 말씀하셨습니다. 따라서 복 있는 사람이 되려면 절대 악한 세력에 동조하거나 함께해서는 안 됩니다.

'야곱 중에서 나누며 이스라엘 중에서 흩으리라'는 말씀을 들은 시므온과 레위 지파는 훗날 어떻게 되었을까요? 시므온 지파는 출애굽 후 광야 생활 중에 그 수가 점점 감소합니다. 이 때문에 가나안 땅을 분배받는 과정에서도 독자적으로 땅을 얻지 못하고 유다 지파에 속하여 기업을 분배받습니다.

레위 지파 역시 독자적인 기업을 분배받지 못하고 전국 각지에 흩어져 살게 됩니다. 그런데 두 지파의 결과가 표면적으로는 비슷해 보이지만 그 안에 담긴 영적인 내용은 달랐습니다. 레위 지파는 비록 전국 각지에 흩어지기는 했지만 성전에서 봉사하는 성스러운 직분을 받았을 뿐만 아니라 다른 열한 지파가 공급해 주는 것으로 기업을 이어갈 수 있었습니다.

야곱을 통해 똑같은 말씀을 받은 두 지파의 운명이 왜 이처럼 다른 것일까요? 훗날 그들의 행함이 전혀 달랐기 때문입니다.

출애굽기 32장에 보면 모세 선지자가 하나님으로부터 계명을 받기 위해 시내 산에 올랐을 때 이스라엘 백성이 금송아지를 만들어 경배하는 사건이 나옵니다. 이로 인해 하나님의 엄청난 진노가 임합니다. 이때 모세가 "누구든지 여호와의 편에 있는 자는 내게로 나아오라" 하자 즉각 레위 지파가 나아와 모세 편에 서서 하나님께 헌신합니다. 이 일로 그들에게 축복의 말씀이 임합니다.

민수기 25장에는 싯딤에 머물던 이스라엘 백성이 모압 여인들과 함께 음행함으로 재앙이 임하는 내용이 나옵니다. 단순히 음행만 한 것이 아닙니다. 모압 여인들이 우상 앞에 제사할 때 함께 먹고 마시며 절하기까지 했습니다. 결국 하나님께서 진노하심으로 이스라엘 백성 가운데 염병이 퍼져 수많은 사람이 죽어갑니다.

그때 모세는 하나님의 진노를 멈추게 하기 위해 사사들에게 모압인들이 섬기는 바알브올에게 절하고 경배한 사람들을 죽이라 명합니다. 그런 상황에서도 이스라엘 자손 한 사람이 미디안 여인을 자신의 장막으로 끌어들이는 모습이 보였습니다. 그는 공교롭게도 시므온 지파 사람이었습니다. 이 모습을 보고 레위 지파인 비느하스가 그 장막에 뛰어들어 행음하던 두 사람을 죽입니다. 그러자 염병이 그쳤습니다.

하나님께서는 이 일에 대해 모세를 통해 비느하스의 후손에게 언약의 말씀을 주십니다. "제사장 아론의 손자, 엘르아살의 아들 비느하스가 나의 질투심으로 질투하여 이스라엘 자손 중에서 나의 노를 돌이켜서 나의 질투심으로 그들을 진멸하지 않게 하였도다 그러므로 말하라 내가 그에게 나의 평화의 언약을 주리니 그와 그 후손에게 영원한 제사장 직분의 언약이라 그가 그 하나님을 위하여 질투하여 이스라엘 자손을 속죄하였음이니라"

레위 지파는 이스라엘 백성이 큰 죄를 범했을 때 단호히 하나님 편에 섬으로 축복의 언약을 받았습니다. 그들은 비록 야곱의 예언대로 이스라엘 중에서 흩어지기는 했지만 하나님을 섬기는 축복된 일에 선택받았던 것입니다. 이렇듯 축복의 말씀이든, 저주의 말씀이든 우리가 어떤 마음 자세로 받느냐가 중요합니다. 설령 저주의 말씀을 받았다 해도 하나님 앞에 어떤 행함을 보이는지에 따라 얼마든지 축복으로 바뀔 수 있습니다.

4. 유다 지파를 통해 메시아가 오실 것을 예언하다

"유다야 너는 네 형제의 찬송이 될지라 네 손이 네 원수의 목을 잡을 것이요 네 아비의 아들들이 네 앞에 절하리로다 유다는 사자 새끼로다 내 아들아 너는 움킨 것을 찢고 올라갔도다 그의 엎드리고 웅크림이 수사자 같고 암사자 같으니 누가 그를 범할 수 있으랴 홀이 유다를 떠나지 아니하며 치리자의 지팡이가 그 발 사이에서 떠나지 아니하시기를 실로가 오시기까지 미치리니 그에게 모든 백성이 복종하리로다 그의 나귀를 포도나무에 매며 그 암나귀 새끼를 아름다운 포도나무에 맬 것이며 또 그 옷을 포도주에 빨며 그 복장을 포도즙에 빨리로다 그 눈은 포도주로 인하여 붉겠고 그 이는 우유로 인하여 희리로다" (49:8~12)

열두 아들 중에서 넷째 아들 유다에게는 축복의 말씀이 주어집니다. 예전에 유다는 형제들이 요셉을 죽이려 할 때 그의 생명을 구하는 데 결정적인 역할을 했습니다. 또 동생 베냐민이 도둑 누명을 쓰고 애굽의 종이 되어야 할 상황에서 자신이 대신하겠다고 나섰습니다.

이러한 모습으로 보아 유다는 아버지 야곱의 마음을 조금이나마 헤아렸고 위하는 마음도 있었으며, 형제에 대한 우애 역시 요셉을 제외하고는 가장 나았음을 알 수 있습니다.

야곱은 유다에게 "너는 네 형제의 찬송이 될지라" 하여 그의 후손들이 이스라엘 민족 중에서 찬송을 받으며 그들의 머리가 될 것을 예언합니다. 과연 이 예언대로 유다 지파의 후손인 다윗이 통일 왕국의 왕이 되어 이스라엘 민족으로부터 칭송받습니다. 이는 "네 아비의 아들들이 네 앞에 절하리로다" 한 예언의 성취이기도 합니다.

'네 손이 네 원수의 목을 잡을 것'이라는 축복의 예언 역시 다윗과 솔로몬이 이스라엘을 대적하는 주변국들을 평정함으로 성취되었습니다. 무엇보다 이 말씀에 담긴 근본적인 의미는 유다 지파의 후손으로 오신 예수님께서 원수 마귀 사단의 진을 깨뜨리고 구세주로서의 사명을 완성하신다는 것입니다.

이어서 야곱은 "유다는 사자 새끼로다 내 아들아 너는 움킨 것을 찢고 올라갔도다 그의 엎드리고 웅크림이 수사자 같고 암사자 같으니 누가 그를 범할 수 있으랴" 했습니다. 이 예언대로 유다 지파의 후손인 다윗 왕은 지속적인 정복 사업을 펼쳐 영토를 확장하고 국력을 강화시켰습니다.

'홀'은 왕이 손에 쥐던 단장이나 패로 왕권을 상징합니다. 따라서 '홀이 유다를 떠나지 아니하며 치리자의 지팡이가 그 발 사이에서 떠나지 아니한다'는 것은 왕권이 지속됨을 의미합니다. 이어서 예수님이 유다 지파를 통해 오실 것이라는 단서가 담긴 말씀이 또 나옵니다.

"실로가 오시기까지"라고 했는데 '실로'는 메시아를 의미하며 "그에게 모든 백성이 복종하리로다" 하신 말씀대로 만왕의 왕, 만주의 주가 되신 주님 앞에 천하 만물이 꿇어 경배하게 된 것입니다.

유다 지파는 영적 축복뿐만 아니라 물질의 축복도 풍성하게 받았습니다. 영혼이 잘되는 만큼 범사가 잘되는 축복이 임하기 때문입니다.

"그의 나귀를 포도나무에 매며 그 암나귀 새끼를 아름다운 포도나무에 맬 것이며 또 그 옷을 포도주에 빨며 그 복장을 포도즙에 빨리로다 그 눈은 포도주로 인하여 붉겠고 그 이는 우유로 인하여 희리로다" 한 것은 장차 젖과 꿀이 흐르는 가나안 땅에서 평화와 번영, 그리고 풍요를 누릴 것을 예언한 말씀입니다.

5. 스불론, 잇사갈, 단에 대한 야곱의 유언

"스불론은 해변에 거하리니 그곳은 배 매는 해변이라 그 지경이 시돈까지 리로다 잇사갈은 양의 우리 사이에 꿇어앉은 건장한 나귀로다 그는 쉴 곳을 보고 좋게 여기며 토지를 보고 아름답게 여기고 어깨를 내려 짐을 메고 압제 아래서 섬기리로다 단은 이스라엘의 한 지파같이 그 백성을 심판하리로다 단은 길의 뱀이요 첩경의 독사리로다 말굽을 물어서 그 탄 자로 뒤로 떨어지게 하리로다 여호와여 나는 주의 구원을 기다리나이다"(49:13~18)

야곱은 스불론의 후손이 해변에 거할 것이라고 예언했습니다. 이 예언대로 스불론 지파는 가나안에 들어간 후 지중해와 갈릴리 바다 사이에 있는 땅을 차지합니다. 요세푸스(이스라엘 역사가)의 기록에 의하면 스불론 지파가 훗날 지중해변까지 세력을 확장했다고 합니다.

잇사갈에 대해서는 "양의 우리 사이에 꿇어앉은 건장한 나귀로다 그는 쉴 곳을 보고 좋게 여기며 토지를 보고 아름답게 여기고 어깨를 내려 짐을 메고 압제 아래서 섬기리로다" 했습니다. 건장한 나귀라 표현한 대로 잇사갈 지파는 큰 종족을 이루지만 특별히 두각을 나타내지는 못한 채 농사일과 힘든 노역에 종사하며 살아갑니다.

야곱은 단에 대해서 "단은 이스라엘의 한 지파같이 그 백성을 심판하리로다 단은 길의 뱀이요 첩경의 독사리로다 말굽을 물어서 그 탄 자로 뒤로 떨어지게 하리로다 여호와여 나는 주의 구원을 기다리나이다" 라고 유언합니다.

성경에는 '단'이라는 지명이 나옵니다. 이곳의 원래 지명은 '라이스'였는데 단 지파가 점령한 후에 그들의 조상 이름을 따서 붙인 것입니다. 문제는 이곳이 우상 숭배의 근거지가 되었다는 점입니다.

통일 왕국 이스라엘은 솔로몬의 아들 르호보암 때에 남북으로 분열됩니다. 이때 북이스라엘의 여로보암 왕은 백성들이 하나님을 섬기기 위해 예루살렘이 있는 남유다로 내려가는 것을 막기 위해 두 개의 금송아지를 만들어 섬기게 합니다. 그중 하나는 벧엘에, 다른 하나는 단에 두었기에 자연히 '단'은 우상 숭배의 근거지가 되었습니다. 단 지파 역시 빠르게 우상 숭배에 물들어갔습니다(왕상 12:27~30).

이로 인해 얼마나 많은 사람이 우상을 숭배하며 사망의 길로 갔겠습니까? 이러한 단 지파를 향해 야곱은 "단은 길의 뱀이요 첩경의 독사리로다 말굽을 물어서 그 탄 자로 뒤로 떨어지게 하리로다" 예언한 것입니다. 결국 요한계시록 7장에 나오는 이스라엘의 열두 지파 이름에서 단 지파가 제외된 것을 볼 수 있습니다.

"단은 이스라엘의 한 지파같이 그 백성을 심판하리로다" 했는데, 이는 그들이 심판자로서 백성을 심판한다는 의미가 아닙니다. 단 지파의 행함이 하나의 표본이 되어 심판의 기준이 된다는 것입니다. 즉 단 지파처럼 행하는 사람은 멸망의 길로 가게 된다는 말이지요.

하나님께서는 이러한 단 지파라 해도 어찌하든 회개하고 돌이켜 구원에 이르기 원하셨습니다(딤전 2:4). 단 지파에게 주시는 야곱의 유언 말미를 보면 “여호와여 나는 주의 구원을 기다리나이다” 하여 그들이 끝까지 구원의 소망을 잃지 않고 은혜를 구할 것을 당부합니다. 이 말씀 안에는 아버지 야곱이 아들을 대신하여 하나님 앞에 긍휼과 은총을 간구하는 의미도 담겨 있습니다.

6. 갓, 아셀, 납달리에 대한 야곱의 유언

“갓은 군대의 박격을 받으나 도리어 그 뒤를 추격하리로다 아셀에게서 나는 식물은 기름진 것이라 그가 왕의 진수를 공궤하리로다 납달리는 놓인 암사슴이라 아름다운 소리를 발하는도다”(49:19~21)

야곱은 갓에 대하여 ‘군대의 박격을 받으나 도리어 그 뒤를 추격한다’고 유언합니다. 그만큼 이들이 용맹하다는 의미입니다.

모세 선지자도 “갓에 대하여는 일렀으되 갓을 광대케 하시는 자에게 찬송을 부를지어다 갓이 암사자같이 엎드리고 팔과 정수리를 찢는도다”(신 33:20) 하여 그들의 용맹스러움을 묘사했습니다.

그런가 하면 다윗이 사울 왕을 피해 시글락에 있을 때 갓 지파 용사들이 함께했는데, 이들에 대해 “다 용사요 싸움에 익숙하여 방패와 창을 능히 쓰는 자라 그 얼굴은 사자 같고 빠르기는 산의 사슴 같으니”(대상 12:8)라고 하여 그 용맹함을 표현하고 있습니다.

아셀에 대해서는 “아셀에게서 나는 식물은 기름진 것이라 그가 왕의 진수를 공궤하리로다" 했습니다. 가나안 정복 후 아셀 지파가 분배받은 땅은 지중해 해변가의 비옥한 평야 지대입니다. 땅이 기름지고 물이 풍부해 밀과 기름 등을 풍성히 수확할 수 있었습니다. 이곳의 식물은 왕궁의 식량으로 조달되었지요.

아셀 지파는 특별히 두각을 나타내지는 못했지만 지리적 조건이 좋아 비교적 안정된 삶을 살아갈 수 있었습니다.

납달리에 대해서는 "놓인 암사슴이라 아름다운 소리를 발하는도다" 했습니다. 이 지파는 발빠른 암사슴에 빗댈 만큼 '날렵한 전사'라는 이미지를 가지고 있습니다.

실제 사사 시대에 이 지파에 속한 아비노암의 아들 바락이 여 선지자 드보라를 도와 가나안 왕 야빈에게 고통받던 이스라엘 민족을 구하는가 하면(삿 4:6, 5:15), 기드온이 미디안을 공략할 때도 이 지파가 큰 공을 세웠습니다(삿 6:35, 7:23).

한편 사사기 5장에 보면 드보라와 아비노암의 아들 바락이 하나님을 찬송하며 노래하는 장면이 나옵니다. '아름다운 소리를 발한다'는 야곱의 예언처럼 그들이 노래에도 탁월하였음을 알려 줍니다.

7. 요셉과 베냐민에 대한 야곱의 유언

"요셉은 무성한 가지 곧 샘 곁의 무성한 가지라 그 가지가 담을 넘었도다 활쏘는 자가 그를 학대하며 그를 쏘며 그를 군박하였으나 요셉의 활이 도리어 견강하며 그의 팔이 힘이 있으니 야곱의 전능자의 손을 힘입음이라 그로부터 이스라엘의 반석인 목자가 나도다 네 아비의 하나님께로 말미암나니 그가 너를 도우실 것이요 전능자로 말미암나니 그가 네게 복을 주실 것이라 위로 하늘의 복과 아래로 원천의 복과 젖먹이는 복과 태의 복이리로다

네 아비의 축복이 내 부여조의 축복보다 나아서 영원한 산이 한없음같이 이 축복이 요셉의 머리로 돌아오며 그 형제 중 뛰어난 자의 정수리로 돌아오리로다 베냐민은 물어뜯는 이리라 아침에는 빼앗은 것을 먹고 저녁에는 움킨 것을 나누리로다 이들은 이스라엘의 십이 지파라 이와 같이 그 아비가 그들에게 말하고 그들에게 축복하였으되 곧 그들 각인의 분량대로 축복하였더라" (49:22~28)

열한 번째 아들 요셉은 야곱으로부터 매우 큰 축복의 말씀을 받습니다. '요셉은 샘 곁의 무성한 가지인데 그 가지가 담을 넘었다'고 했습니다.

샘 곁에 심긴 나무가 가뭄에도 마르지 않는 것같이 요셉의 후손들이 향후 어떤 역경에 직면한다 해도 늘 번창하고 풍성한 삶을 누려 다른 지파에까지 그 혜택이 미칠 것이라는 예언입니다. 그리고 그들에게 대항해오는 적들이 있어도 전능하신 하나님의 도우심을 받아 능히 물리칠 것이라는 예언이 이어집니다.

이와 더불어 야곱과 함께하신 하나님께서 '위로 하늘의 복과 아래로 원천의 복과 젖먹이는 복과 태의 복을 주실 것이라' 했습니다. 이 축복은 야곱이 아버지 이삭에게서 받은 축복보다 훨씬 풍성하며 영원히 변하지 않고 온전히 이루어질 것이라고 말합니다.

또한 요셉의 후손이 이스라엘 민족 중에서 뛰어날 것이라고 예언했

습니다. 이 예언대로 훗날 요셉의 후손은 가나안 땅의 중앙 지역을 기업으로 얻어 풍요로운 삶을 누렸습니다.

요셉에게는 가장 풍성하고 뛰어난 축복의 말씀, 즉 실질적인 장자의 축복이 주어졌습니다. 그는 이스라엘 열두 지파 중에서 아들 므낫세와 에브라임을 통해 두 지파의 몫을 차지합니다. 후대 사람들이 '에브라임과 므낫세처럼 되기'를 기원할 만큼 이들은 복의 상징이 되었습니다(창 48:20).

마지막으로, 베냐민에게는 "물어뜯는 이리라 아침에는 빼앗은 것을 먹고 저녁에는 움킨 것을 나누리로다" 했습니다.

이 말씀에는 베냐민 지파의 호전적인 성품이 표현되어 있습니다. 육적인 정만 생각한다면 야곱이 사랑한 라헬의 소생이니 그에게 좀 더 큰 축복의 말씀을 주었겠지요. 하지만 야곱을 통해 나가는 모든 말씀은 하나님께서 친히 주관하신 것입니다.

야곱의 예언대로 베냐민 지파에는 유명한 궁수와 투석수가 많았습니다. 그들은 비록 큰 지파를 이루지는 못했지만 가나안 땅을 정복한 후에 여리고, 벧엘, 기브온, 라마, 미스바, 예루살렘과 같은 중요한 성읍을 차지했습니다.

훗날 베냐민 지파는 이스라엘 왕국이 남북으로 분열될 때 유일하게 유다 지파와 연합하여 다윗 왕가에 충성한 지파입니다. 신약 시대 가장 위대한 사도였던 바울도 베냐민 지파 사람입니다.

하나님께서는 모든 것을 아시며 행한 대로 갚아 주십니다. 야곱이 임의로 누구에게는 축복의 말씀을, 누구에게는 저주의 말씀을 준 것이 아닙니다. 하나님의 주관하심에 따라 선포했지요.

야곱의 열두 아들의 지난날과, 앞으로의 행보에 따라 정확히 임한 것입니다. 또한 각 사람이 하나님 앞에 어떠한 중심과 마음을 가졌으며, 하나님의 도구로 쓰이기에 얼마나 합당한가에 따라 주어지는 말씀이 달랐습니다.

이 유언은 후대에 그대로 성취됩니다. 그런데 야곱의 아들들에게 주어진 말씀이 모든 후손에게 동일하게 적용되지는 않습니다. 전체적인 흐름은 각 지파에게 주신 말씀대로 이루어졌지만 개개인의 경우 하나님 앞에 스스로 어떻게 행하며 얼마나 하나님의 뜻대로 살아가느냐에 따라 축복과 미래가 달라졌습니다.

8. 가나안 땅에 장사해 달라고 당부하는 야곱

"그가 그들에게 명하여 가로되 내가 내 열조에게로 돌아가리니 나를 헷 사람 에브론의 밭에 있는 굴에 우리 부여조와 함께 장사하라 이 굴은 가나안 땅 마므레 앞 막벨라 밭에 있는 것이라 아브라함이 헷 사람 에브론에게서 밭과 함께 사서 그 소유 매장지를 삼았으므로 아브라함과 그 아내 사라가 거기 장사되었고 이삭과 그 아내 리브가도 거기 장사되었으며 나도 레아를 그곳에 장사하였노라 이 밭과 거기 있는 굴은 헷 사람에게서 산 것이니라 야곱이 아들에게 명하기를 마치고 그 발을 침상에 거두고 기운이 진하여 그 열조에게로 돌아갔더라"(49:29~33)

임종을 앞둔 야곱은 지난 세월을 회상하며 그동안 섬세하게 간섭하고 인도해 주신 하나님의 사랑에 깊이 감사를 드렸습니다.

형과 아버지를 속이고 외삼촌 집으로 도망가서 20년간 연단을 받던 당시에는 참으로 견디기 힘들고 막막했습니다. 하지만 그때를 돌아보니 모든 것이 자신을 변화시키고 더 온전케 하시려는 하나님의 사랑임을 느낄 수 있었습니다.

자기가 앞서려 했던 일, 간교한 방법을 써서라도 자기가 바라던 대로 행했던 모든 것들이 얼마나 헛되며, 결국 그것이 스스로를 고통스럽게 했다는 사실을 깨달았습니다. 하나님께서 간섭하심으로 자신의 모습이 드러나고 발견되었기에 '자기'를 깨뜨리고 변화될 수 있었음도 깨달았지요.

야곱은 때로 마음에 슬픔으로, 고통으로, 아쉬움으로 묻어 두었던 모든 일을 다 벗어내고 온전한 평안과 안식이 있는 하나님 곁으로 가게 됨에 감사했습니다. 죽음을 앞두고 세상의 모든 것이 안개와 같이 부질없음을 마음 깊이 깨달았습니다.

이스라엘의 조상 야곱은 열두 지파의 머리가 될 아들들에게 유언을 마친 후, 자신의 시신을 조상들의 매장지에 장사해 달라고 당부합니다.

할아버지 아브라함과 할머니 사라, 아버지 이삭과 어머니 리브가, 그리고 아내 레아가 장사된 곳, 일찍이 아브라함이 헷 사람 에브론에게 구입한 가나안 땅 마므레 앞 막벨라 굴에 장사해 달라는 것입니다. 죽음을 맞는 순간까지도 자신을 약속의 땅으로 돌아오게 하시겠다는 하나님의 말씀을 신실히 믿었기 때문입니다.

마침내 이스라엘의 조상 야곱은 하나님 섭리 속에 애굽으로 이주하여 살다가 147세에 자손들이 지켜보는 가운데 파란만장한 삶을 마치고 평안히 숨을 거두었습니다.

애굽에서 창대한 민족을 이룬 이스라엘

창세기 46장을 보면 애굽 땅으로 이주하여 정착한 야곱의 자손은 70명이었다. 이들은 총리가 된 요셉의 도움으로 가나안 땅의 극심한 기근을 피해 고센 땅에 정착하였다. 하나님께서는 야곱의 후손으로 하여금 문명이 발달하고 땅도 비옥하여 살기 좋은 애굽 땅에서 번성하도록 인도하신 것이다.

고대 근동의 중심지 애굽에서 이스라엘 조상 야곱의 후손은 총리 요셉의 보호막 아래 급속히 번성해 나갔다. 세월이 흘러 요셉과 그 시대 사람은 다 죽었지만 이스라엘 자손은 나날이 번성하여 창대한 민족을 이루었다(출 1:7). 이는 일찍이 하나님께서 믿음의 조상 아브라함과 맺은 언약의 성취라 할 수 있다.

"여호와의 말씀이 그에게 임하여 가라사대
그 사람은 너의 후사가 아니라
네 몸에서 날 자가 네 후사가 되리라 하시고
그를 이끌고 밖으로 나가 가라사대

하늘을 우러러 뭇별을 셀 수 있나 보라
또 그에게 이르시되 네 자손이 이와 같으리라"(창 15:4~5)

이러한 하나님의 섭리 가운데 이스라엘 자손은 기하급수적으로 늘어났고, 총리 요셉을 알지 못하는 새 왕이 애굽을 다스리면서부터 견제를 받기 시작한다.

"이 백성 이스라엘 자손이 우리보다 많고 강하도다
자, 우리가 그들에게 대하여 지혜롭게 하자
두렵건대 그들이 더 많게 되면 전쟁이 일어날 때에
우리 대적과 합하여 우리와 싸우고 이 땅에서 갈까 하노라"(출 1:9~10)

애굽은 정책적으로 이스라엘 자손에게 강제 노동을 시키고 심지어 히브리 산파를 불러 사내 아이가 태어나면 죽일 것을 명한다. 이러한 학대에도 불구하고 하나님께서 은혜를 베푸시니 이스라엘 백성은 더욱 번성하여 심히 강대해졌다(출 1:11~21).

훗날 모세가 태어나 애굽의 왕자가 되고 80세에 출애굽의 지도자로 부름받아 이스라엘 백성과 함께 애굽을 떠날 때에는 장정만 해도 60만 명 가량에 이르렀다(출 12:37). 여기에 어린아이와 노인, 여인들까지 합하면 출애굽 당시 이스라엘 민족은 족히 200만 명이 넘었을 것이다.

Joseph

Chapter 12

야곱의 장례와 요셉의 죽음

야곱의 장례를 준비하는 요셉

가나안 땅에 올라가서 아버지를 장사하게 하소서

성대한 장례식으로 하나님의 영광을 나타내다

두려워 마소서, 내가 하나님을 대신하리이까

너희는 여기서 내 해골을 메고 올라가겠다 하라

1. 야곱의 장례를 준비하는 요셉

"요셉이 아비 얼굴에 구푸려 울며 입 맞추고 그 수종 의사에게 명하여 향 재료로 아비의 몸에 넣게 하매 의사가 이스라엘에게 그대로 하되 사십 일이 걸렸으니 향 재료를 넣는 데는 이 날수가 걸림이며 애굽 사람들은 칠십 일 동안 그를 위하여 곡하였더라"(50:1~3)

요셉은 아버지를 애굽으로 모셔온 후 지난 17년 동안 최선을 다해 섬겼지만 막중한 사명 때문에 마음에 있는 만큼 잘 섬겨 드리지는 못했습니다. 그러다 아버지의 죽음을 맞게 되니 아쉬움과 안타까움의 눈물이 흘렀습니다. 그는 깊은 정과 사랑을 담아 아버지 야곱의 얼굴에 입을 맞추었습니다.

이스라엘 민족의 실질적인 시조는 야곱입니다. 하나님께서는 밧단 아람에서 돌아온 야곱에게 '이스라엘'이라는 새 이름을 주시고 그의 후손이 번성하여 약속의 땅을 차지할 것을 말씀하셨습니다(창 35:9~12). 그의 새 이름을 따라 '이스라엘'이라는 민족이 탄생하게 된 것입니다.

믿음의 조상 아브라함으로부터 시작해 이삭을 거쳐 야곱의 대에 이르자 민족 형성을 위한 본격적인 환경이 갖추어졌습니다. 야곱과 그의 열두 아들, 그리고 요셉의 두 아들이 열두 지파의 중심이 되어 이스라엘 민족이 태동한 것입니다. 이제 야곱의 죽음과 함께 아브라함, 이삭, 야곱을 중심으로 한 족장시대는 막을 내리고 선민 이스라엘의 역사가 시작됩니다.

이스라엘의 조상 야곱의 장례는 매우 성대하게 치러집니다. 요셉이 수종 의사에게 명하여 아버지의 시신에 향 재료를 넣게 했는데, 그 기간이 무려 40일이나 되었습니다. 시신에 향 재료를 넣는다는 것은 '미라'로 만들었다는 의미입니다.

애굽에는 일찍부터 부활을 믿는 신앙이 있었으며, 이로 인해 당시 애굽에서는 최고위층이 죽으면 시신을 '미라'로 만들었습니다. 물론 기독교에서 말하는 부활과는 전혀 다르지만 그들에게도 영원한 삶에 대한 동경과 소망이 있었기에 시체를 오랫동안 보존하기 위해 노력한 것입니다.

요셉은 왜 아버지를 애굽의 장례법에 따라 장사했을까요? 이미 영적으로 깊은 단계에 들어간 요셉은 내세가 있음과 죽은 사람의 몸이 마지막 날에 부활할 것도 알았습니다. 따라서 시신이라 해도 함부로 취급해서는 안 된다는 것을 알고 잘 보존하려 한 것입니다.

야곱의 장례는 70일간 치러졌습니다. 야곱의 가족뿐 아니라 애굽 사람들도 함께 그의 죽음을 애도하며 70일 동안 곡하였지요. 보통 왕이 죽으면 72일 애도하는 당시 장례법을 볼 때 왕족에 준하는 예우였습니다.

이방인인 야곱의 죽음에 애굽 사람들이 70일 동안이나 애도하며 곡을 했다는 것은 억지로 시킨다고 되는 일이 아닙니다. 더욱이 왕족에 준하는 예우는 바로와 신하들의 동의 없이는 불가능합니다. 이런 대우가 가능했던 것은 그들이 요셉의 헌신과 희생을 인정했고 그를 지극히 사랑하고 존경했다는 증거입니다.

애굽 사람들은 총리 요셉에 대한 존경과 진심에서 우러나는 마음으로 야곱의 죽음에 함께 애곡할 수 있었습니다. 하나님의 사람 요셉으로 인해 그의 가족에게까지 큰 은총이 임한 것입니다.

2. 가나안 땅에 올라가서 아버지를 장사하게 하소서

"곡하는 기한이 지나매 요셉이 바로의 궁에 말하여 가로되 내가 너희에게 은혜를 입었으면 청컨대 바로의 귀에 고하기를 우리 아버지가 나로 맹세하게 하여 이르되 내가 죽거든 가나안 땅에 내가 파서 둔 묘실에 나를 장사하라 하였나니 나로 올라가서 아버지를 장사하게 하소서 내가 다시 오리이다 하라 하였더니 바로가 가로되 그가 네게 시킨 맹세대로 올라가서 네 아비를 장사하라" (50:4~6)

당시는 교통수단이 발달하지 않아 애굽에서 가나안까지 오가는 데 오랜 시간이 걸렸습니다. 요셉이 장지인 가나안 땅에 다녀오려면 한동안 국정 공백이 불가피했기에 왕에게 승낙을 받아야 했습니다. 이때 요셉은 바로에게 직접 청원하지 않고 다른 사람을 통해 그의 귀에 들어가도록 합니다. 그 이유는 누구보다 바로의 마음을 잘 알았기 때문입니다.

바로는 나라를 다스리는 일에 전적으로 요셉을 믿고 의지하는 상황입니다. 하지만 요셉은 애굽 사람이 아니었기에 언젠가는 그가 떠날지도 모른다는 막연한 불안감이 있었습니다. 이런 상황에서 요셉이 직접 바로를 찾아가 잠시 자리를 비우겠다고 말한다면 어떨까요? 바로의 마음에 염려가 될 수 있습니다.

그래서 요셉은 왕에게 부담을 주지 않으면서 부드럽게 자신의 말을 전할 수 있는 사람을 찾았습니다. 바로와 친밀하며 서로 신뢰가 쌓여 있는 사람들을 택했지요. 그들을 통해 자신이 원하는 것을 왕에게 전달함으로써 왕이 흔쾌히 허락할 수 있도록 환경을 조성해 나갑니다. 윗분을 섬기는 자로서 그의 사려 깊고 섬세한 마음을 잘 보여 줍니다.

요셉은 지극히 겸비한 자세로 바로의 신하들에게 말합니다. "내가 너희에게 은혜를 입었으면 청컨대 바로의 귀에 고하기를 우리 아버지가 나로 맹세하게 하여 이르되 내가 죽거든 가나안 땅에 내가 파서 둔 묘실에 나를 장사하라 하였나니 나로 올라가서 아버지를 장사하게 하소서 내가 다시 오리이다 하라" 했지요.

그는 애굽을 구한 은인이요, 뛰어난 공적이 있지만 이를 내세우지 않습니다. 오히려 이방인인 자신을 총리로 발탁하여 오늘에 이르기까지 믿고 맡겨 준 것에 대해 은혜를 입었다 말합니다. 물론 이 말에는 서로 은혜를 주고받으며 사귐을 가졌다는 의미도 담겨 있습니다. 하지만 요셉은 자신의 공적을 내세우기보다 늘 자신을 낮추며 상대를 낫게 여기는 겸손한 마음이었습니다.

흔히 사람들은 잘한 게 조금이라도 있으면 그 공을 드러내어 인정과 칭찬을 받기 원합니다. 또한 '내가 예전에 이렇게 해 주었으니 이번에는 당신이 해 주어야 하지 않겠느냐.'며 은근히 대가를 요구하기도 합니다.

이처럼 자신을 드러내고 보상을 바라는 사람은 주변 사람들로부터 인정과 사랑을 받기 어렵습니다. 누군가에게 도움을 준다 해도 상대편에서 '저 사람은 나중에 어떤 대가를 바랄 텐데….'라는 생각이 들기 때문에 마음에서 우러나는 감사가 나오지 않습니다. 또한 사람에게 인정과 칭찬을 받기 원하는 사람은 이미 대가를 받았으니 은밀한 중에 보고 갚아 주시는 하나님께 받을 것이 없지요(마 6:2~4).

요셉은 큰일을 했다 해서 이를 드러내거나 누군가에게 보이려 하지 않았습니다. 오히려 더욱 낮아져 주변을 살피며 섬겼기 때문에 사람들로부터 진심 어린 인정과 사랑을 받았습니다. 이러한 열매가 아버지의 장례 과정에서 여실히 나타나고 있습니다.

바로를 가까이 모시는 신하들을 통해 요셉은 부친에게 한 맹세, 곧 가나안 땅 선영에 장사하겠다고 한 약속을 지키게 해 달라고 왕에게 요청했습니다. 바로는 기꺼이 그의 청을 허락합니다.

3. 성대한 장례식으로 하나님의 영광을 나타내다

"요셉이 자기 아비를 장사하러 올라가니 바로의 모든 신하와 바로 궁의 장로들과 애굽 땅의 모든 장로와 요셉의 온 집과 그 형제들과 그 아비의 집이 그와 함께 올라가고 그들의 어린아이들과 양 떼와 소 떼만 고센 땅에 남겼으며 병거와 기병이 요셉을 따라 올라가니 그 떼가 심히 컸더라 그들이 요단 강 건너편 아닷 타작마당에 이르러 거기서 크게 호곡하고 애통하며 요셉이 아비를 위하여 칠 일 동안 애곡하였더니 그 땅 거민 가나안 백성들이 아닷 마당의 애통을 보고 가로되 이는 애굽 사람의 큰 애통이라 하였으므로 그 땅 이름을 아벨미스라임이라 하였으니 곧 요단 강 건너편이더라 야곱의 아들들이 부명을 좇아 행하여 그를 가나안 땅으로 메어다가 마므레 앞 막벨라 밭 굴에 장사하였으니 이는 아브라함이 헷 족속 에브론에게 밭과 함께 사서 소유 매장지를 삼은 곳이더라 요셉이 아비를 장사한 후에 자기 형제와 호상꾼과 함께 애굽으로 돌아왔더라"(50:7~14)

이스라엘의 조상 야곱의 장례에는 그의 가속들뿐만 아니라 바로의 신하들, 장로들과 그들을 호위하는 군대까지 동행했습니다. 오늘날로 말하면 국장에 해당할 정도로 규모가 상당히 컸습니다. 이는 야곱의 장례에 애굽 왕과 백성이 어떠한 마음으로 동참하고 있는지 잘 말해 줍니다.

이 모든 것은 하나님 섭리 안에서 사명을 잘 마무리한 야곱에게 주시는 하나님의 은총이었습니다. 또한 그의 아들인 요셉이 애굽의 바로와 백성들로부터 사랑과 존경을 받았기 때문에 가능한 일이었지요.

장례식을 성대하게 치른 데는 하나님의 영광을 나타내려는 요셉의 의도가 담겨 있었습니다. 애굽 사람들이 볼 때 야곱은 이방인이요, 타향살이를 하는 일개 족장에 불과합니다. 요셉은 아버지의 장례를 성대하게 치름으로 그가 하나님의 사람임을 알리기 원했습니다. 하나님의 사랑을 받는 사람에게 어떤 축복과 영광이 따르는지 보여 줌으로써 결국은 하나님께 영광 돌리기 원했던 것입니다.

흔히 사람들은 어려운 처지에 놓였을 때 그가 쌓은 덕과 선행이 드러난다는 말을 합니다. 평소 주변 사람들과 어떤 관계를 맺고 얼마나 그들의 마음을 얻었는가에 따라 열매가 달라진다는 말입니다. 덕과 사랑으로 주변을 섬기며 좋은 관계를 꾸준히 쌓아왔다면 어려운 일이 생겼을 때 제 일처럼 나서서 돕고자 하는 사람이 많습니다.

물론 주 안에서는 좋은 관계를 맺어온 사람만이 아니라 그렇지 못한 사람이라도 사랑과 관심으로 보살피고 돕는 것이 진정한 사랑이며 선입니다(마 5:46~47). 하나님의 자녀라면 자신에게 잘해 주는 사람에게만 잘하거나, 대가를 바라고 사랑을 베풀어서는 안 됩니다. 누구를 대하든지 상대의 유익을 구해 주며, 마음에서 우러나와 섬길 수 있어야 하지요.

요셉은 애굽 총리를 지내면서 늘 상대의 유익을 구하는 진정한 사랑을 보였기에 그 열매가 풍성한 것을 볼 수 있습니다. 즉 왕족에 준하는 예우를 받으며 매우 화려하고 성대하게 아버지의 장례를 치를 수 있었습니다.

병거와 기병까지 대동한 장례 행렬은 여러 날이 지나 드디어 가나안 땅에 도착했습니다. 요단 강을 건넌 무리는 아닷 땅에서 또 칠 일 동안 애곡했습니다. 당시 애곡하는 소리가 얼마나 컸던지 가나안 사람들이 그 땅 이름을 '애굽인의 호곡'이라는 뜻의 '아벨미스라임'으로 바꿀 정도였습니다. 이후 야곱의 아들들은 유언에 따라 할아버지 이삭과 증조할아버지인 아브라함이 장사된 가나안 땅 마므레 앞 막벨라 굴 선영에 아버지의 시신을 안치합니다.

모든 장례 절차를 마친 요셉은 곧바로 애굽으로 돌아갑니다. 바로에게 '장례 후에 돌아오겠다.'고 한 약속을 지체 없이 이행한 것입니다. 요셉은 큰일을 치렀으니 '조금만 쉬자. 수십 년 만에 밟은 고향 땅이니 좀 여유를 가지고 돌아가자.'는 마음이 없었습니다. 이처럼 늘 자신이 낸 말을 지켰기 때문에 바로는 물론 주변 사람들로부터도 전폭적인 신뢰를 받을 수 있었지요.

사람이 입술로 낸 말을 지킨다는 것은 매우 중요합니다. 만일 '이런 사정이 있으니까 이해하겠지. 이 정도는 괜찮겠지.' 하는 등 사사로운 이유들로 인해 쉽게 말을 바꾸거나 약속을 지키지 않는다면 어떻게 될까요? 하나님께는 물론, 사람 앞에서도 신뢰를 잃을 수밖에 없습니다.

4. 두려워 마소서, 내가 하나님을 대신하리이까

"요셉의 형제들이 그 아비가 죽었음을 보고 말하되 요셉이 혹시 우리를 미워하여 우리가 그에게 행한 모든 악을 다 갚지나 아니할까 하고 요셉에게 말을 전하여 가로되 당신의 아버지가 돌아가시기 전에 명하여 이르시기를 너희는 이같이 요셉에게 이르라 네 형들이 네게 악을 행하였을지라도 이제 바라건대 그 허물과 죄를 용서하라 하셨다 하라 하셨나니 당신의 아버지의 하나님의 종들의 죄를 이제 용서하소서 하매 요셉이 그 말을 들을 때에 울었더라 그 형들이 또 친히 와서 요셉의 앞에 엎드려 가로되 우리는 당신의 종이니이다 요셉이 그들에게 이르되 두려워 마소서 내가 하나님을 대신하리이까 당신들은 나를 해하려 하였으나 하나님은 그것을 선으로 바꾸사 오늘과 같이 만민의 생명을 구원하게 하시려 하셨나니 당신들은 두려워 마소서 내가 당신들과 당신들의 자녀를 기르리이다 하고 그들을 간곡한 말로 위로하였더라" (50:15~21)

야곱의 장례를 치르고 애굽으로 돌아온 요셉의 형들은 염려가 생겼습니다. 이제 아버지가 돌아가셨으니 과거 자신들의 허물을 들추어 요셉이 보복할지 모른다고 생각한 것입니다.

이에 형들은 돌아가신 아버지의 이름까지 들어가며 자신들의 허물과 죄를 용서해 달라고 요셉에게 간청합니다. 그것도 직접 찾아가 용서를 구하지 못하고 다른 사람을 통해 전하지요.

이 말을 전해 들은 요셉은 눈물이 났습니다. 그는 이미 오래전에 형들을 용서했기에 일말의 감정도 없었습니다. 오히려 애굽에서 함께한 17년의 세월 동안 마음과 정성을 다해 형들을 섬겼습니다. 그런데도 형들이 자신의 마음을 몰라주니 슬펐습니다.

사실 형들의 입장에서는 요셉의 마음을 다 이해할 수가 없었습니다. 만일 자신들이 그 같은 일을 겪는다면 도저히 용서할 수 없기 때문입니다. 그들은 지금까지 요셉이 자신들을 선대한 것이 늙으신 아버지 때문이라 생각했습니다. 이제 아버지가 돌아가셨으니 불안과 두려움에 사로잡힌 것입니다.

육의 사람은 자기 틀과 생각 가운데 상대를 바라봅니다. 자기 기준에 맞추어 '저 사람의 마음은 이럴 것이다.' 하고 판단하지요. 이러한 형들을 볼 때 요셉의 마음은 너무나 아팠습니다. '형들로서는 그런 마음이 들 수도 있겠다, 형들이 얼마나 괴로울까?' 생각하니 더욱 슬픔이 몰려왔습니다. 이렇게 영의 사람은 상대가 자신의 마음을 이해해 주지 못해 슬픈 것도 있지만, 자신의 마음을 오해하여 힘들어하는 상대의 입장까지 헤아리기 때문에 더 슬픈 것입니다.

요셉의 형들은 아버지의 말을 전한 것만으로는 마음을 놓을 수 없어 직접 요셉을 찾아가 엎드려 용서를 구합니다. 이때 "우리는 당신의 종이니이다"라고 말하는 형들을 보면서 요셉은 '왜 나의 마음을 그처럼 몰라줍니까?' 하며 탓하지 않았습니다. 오히려 "두려워 마소서 내가 하나님을 대신하리이까 당신들은 나를 해하려 하였으나 하나님은 그것을 선으로 바꾸사 오늘과 같이 만민의 생명을 구원하게 하시려 하셨나니" 하며 간곡한 말로 그들을 위로합니다.

비록 형들이 큰 악을 행했지만 그것은 하나님께서 섭리 가운데 허락하신 일이고, 그로 인해 결국 모든 일이 합력하여 선을 이룸으로 가족들이 구원에 이르렀음을 요셉은 다시 한 번 설명하고 있습니다. 나아가 "내가 당신들과 당신들의 자녀를 기르리이다" 하고 형들은 물론 그들의 자녀들까지 책임지겠다 약속함으로 형들을 안심시킵니다. 이는 요셉이 자신에게 악을 행한 상대를 감동시키는 차원을 넘어 그를 위해 생명까지라도 줄 수 있는 아름다운 신에 이르렀다는 증거입니다.

5. 너희는 여기서 내 해골을 메고 올라가겠다 하라

"요셉이 그 아비의 가족과 함께 애굽에 거하여 일백십 세를 살며 에브라임의 자손 삼 대를 보았으며 므낫세의 아들 마길의 아들들도 요셉의 슬하에서 양육되었더라 요셉이 그 형제에게 이르되 나는 죽으나 하나님이 너희를 권고하시고 너희를 이 땅에서 인도하여 내사 아브라함과 이삭과 야곱에게 맹세하신 땅에 이르게 하시리라 하고 요셉이 또 이스라엘 자손에게 맹세시켜 이르기를 하나님이 정녕 너희를 권고하시리니 너희는 여기서 내 해골을 메고 올라가겠다 하라 하였더라 요셉이 일백십 세에 죽으매 그들이 그의 몸에 향 재료를 넣고 애굽에서 입관하였더라"(50:22~26)

요셉은 애굽에서 이스라엘 민족을 이루기 위한 하나님의 크신 섭리를 깨닫고 있었습니다. 17세에 노예로 팔려와 30세에 애굽 총리가 된 것도, 또한 가족을 애굽으로 이주시켜 이스라엘 민족 탄생의 기반을 마련한 것도 모두 하나님의 섭리였음을 깨달았지요. 그러므로 요셉은 야곱이 죽은 후에도 여전히 형제들과 그들의 자손까지 정성을 다해 돌보았습니다.

어느덧 세월이 흘러 요셉은 110세가 되었습니다. 애굽 땅에 노예로 팔려온 지 벌써 93년이 지났고, 바로의 꿈을 해석하고 일약 총리 자리에 오른 지 80년이나 지났습니다. 아버지를 선영에 장사한 지도 50년이 훌쩍 넘어섰지요. 또한 에브라임의 자손을 3대까지 보았으며 므낫세가 낳은 마길의 아들들도 그의 슬하에서 양육되었습니다.

요셉은 애굽의 왕과 신하들, 백성과 자신을 섬기는 사람들, 그리고 아버지와 형제들과도 모두 화평을 이루었습니다. 이는 먼저 하나님과 화평을 이루고 자신과도 화평을 이뤘기 때문에 가능한 일이었지요. 그는 악은 모양도 없는 선한 마음으로 오직 하나님의 뜻을 좇았기에 모든 사람을 품고 이해하며 지극한 선으로 섬겼고 누구와도 걸림이 되지 않았습니다.

모든 것을 선의 지혜로 풀어 나가므로 시기 질투하는 사람도, 감정을 갖고 반대하는 사람도 없었지요. 이처럼 하나님과 자신과 화평하면 자연히 주변과도 화평을 이루어 마음이 평안합니다. 가장 중요한 것은 하나님과의 화평입니다. 사람들과 화평하려고 하나님과의 화평을 깨서는 안 됩니다.

요셉은 억울한 누명을 쓸지언정 결코 죄를 짓지 않았고, 감옥에 갇혔을 때 '왜 하나님 뜻대로 살았는데 어려움을 당해야 하느냐'고 원망하지 않았습니다. 오직 감사하며 기뻐했습니다. 이것이 곧 하나님과의 화평을 좇는 모습입니다. 하나님과의 화평을 좇을 때 당장에는 사람과의 화평이 깨지는 것처럼 보일 수 있지만, 결과적으로 더 큰 축복이 오며 사람과의 화평도 이내 회복되기 마련입니다.

하나님의 사랑과 신실하심을 믿었기에 요셉은 모든 상황을 하나님께 맡기고 오직 선으로 바라보았습니다. 그러니 불평불만이 나올 리 없고 누구에게도 감정을 갖거나 미워하지 않았습니다. 오히려 자신을 더 낮추고 겸손함과 선으로 상대를 섬겨 주었지요. 이런 모습에 사람들은 감동을 받았고 요셉이라는 인물이 마음 깊이 새겨졌습니다.

출애굽기 1장을 보면 요셉이 애굽 사람들의 뇌리에 얼마나 깊이 새겨졌는지 잘 나옵니다. 애굽에 요셉을 알지 못하는 새 왕이 즉위하면서 이스라엘 민족에 대한 박해가 시작됩니다. 이스라엘 민족이 고센 땅에 정착한 지 300년이 넘은 시점입니다. 이때부터 이스라엘 민족에 대한 박해가 시작됐다는 말은 무슨 뜻일까요?

애굽과 주변 국가를 7년 흉년에서 건져낸 총리 요셉의 명성이 사후에도 수백 년 동안 유지되어 이스라엘 민족이 안정된 삶을 보장받았음을 증명합니다. 이스라엘 민족은 요셉의 영향력으로 인해 오랜 세월 애굽에 정착해 어려움 없이 큰 민족을 이룰 수 있었던 것입니다.

영육 간에 인정받은 요셉은 임종을 앞둔 시점에서 그 형제들에게 "나는 죽으나 하나님이 너희를 권고하시고 너희를 이 땅에서 인도하여 내사 아브라함과 이삭과 야곱에게 맹세하신 땅에 이르게 하시리라" 고백합니다. 가족들이 애굽에 영영 머물러 사는 것이 아니라 언젠가는 큰 민족을 이루어 가나안 땅으로 돌아갈 것을 확실히 믿었던 것입니다.

그러므로 요셉은 자녀들에게 출애굽하여 가나안으로 갈 때에 자기 유해를 가져갈 것을 맹세시켰습니다. "하나님이 정녕 너희를 권고하시리니 너희는 여기서 내 해골을 메고 올라가겠다 하라" 하며 하나님께서 주신 약속의 땅에 묻히기를 간절히 원했습니다.

요셉은 장차 이스라엘 민족이 하나님께서 약속하신 가나안 땅으로 돌아갈 것을 알았지만, 그날이 가까운 장래가 아님을 알았습니다. 그래서 훗날 때가 되어 이스라엘 민족이 가나안 땅으로 갈 때에 잊지 말고 자신의 유해를 함께 가져가 달라 부탁한 것입니다. 한편으로는 이를 통해 후손이 언젠가는 약속의 땅 가나안으로 돌아가야 한다는 사실을 잊지 않기를 바랐습니다. 애굽에서의 삶이 아무리 좋아도 언젠가는 하나님께서 약속하신 땅, 곧 본향에 돌아가야 함을 잊지 않기를 바랐지요.

이제 하나님께서 주신 소중한 사명을 잘 감당한 요셉은 형제들이 지켜보는 가운데 평안히 죽음을 맞이합니다. 그의 유언은 수백 년이 지난 후에야 비로소 지켜집니다.

출애굽기 13장 19절에 "모세가 요셉의 해골을 취하였으니 이는 요셉이 이스라엘 자손으로 단단히 맹세케 하여 이르기를 하나님이 필연 너희를 권고하시리니 너희는 나의 해골을 여기서 가지고 나가라 하였음이었더라" 말씀하고 있습니다.

또한 여호수아 24장 32절을 보면 "이스라엘 자손이 애굽에서 이끌어 낸 요셉의 뼈를 세겜에 장사하였으니 이곳은 야곱이 세겜의 아비 하몰의 자손에게 금 일백 개를 주고 산 땅이라 그것이 요셉 자손의 기업이 되었더라" 했습니다. 이처럼 요셉의 유골은 이스라엘 자손이 가나안 땅을 점령하고 땅을 분배받은 후 세겜에 장사되었습니다.

"나의 사랑하는 하나님이시여,
나의 철없던 시절에 나를 보심으로 정녕 하나님 안에서
이와 같이 나를 인도하시고 진리로 온전히 이끌어 주신
나의 하나님이시여, 감사를 드리나이다.
내 삶에 있어서 모든 것이 항상 평안하였고

모든 것이 형통함은 아버지의 은혜요,
미천한 자를 생각하시어
정녕 온전한 자에 이르기까지 이끄셨고
많은 자들이 여호와의 이름에 무릎을 꿇게 하셨으며
결국에는 하나님의 섭리를 이루게 하시니 감사를 드리나이다.

이제 이와 같이 눈을 감으오나
남은 모든 것들을 인하여서 하나님의 뜻과 섭리를 이루시며,
정녕 하나님의 은혜를 잊지 아니하도록
모든 이들에게 항상 은혜의 광선을 비추사
많은 이들에게 그 은혜를 잊지 아니하는
그와 같은 마음에 깨우침이 되게 하시며
그 길을 인도하소서."

하나님의 선민 이스라엘 민족의 기틀을 마련하고 수많은 생명을 구원한 요셉, 그는 어떤 연단 가운데서도 기뻐하고 감사하며 하나님의 선하신 뜻을 믿었습니다. 다른 사람을 탓하며 원망하기보다 늘 자신을 돌아보았고 자신의 사명을 성실히 감당했지요.

그러니 하나님께서는 그가 가는 곳마다 형통하게 하셨습니다. 또 주변 사람들로부터 사랑과 인정을 받게 해 주셨지요. 이것이 요셉을 만민의 생명을 구원하는 위대한 하나님의 사람으로 만든 힘이었습니다.

플러스 6

애굽인과 히브리인의 장례 제도

장례란, 예를 갖추어 시신을 묻거나 화장하는 것으로 당대 사람들의 사후 세계관과 문화가 담겨 있다. 고대 애굽과 히브리인들의 장례 제도에는 그들의 사후 세계관의 차이가 뚜렷이 나타난다.

애굽인의 장례 제도

애굽인의 종교와 문화는 사후 세계의 삶에 대한 동경을 표현해 왔다. 일찍부터 부활의 신앙이 존재했기에 만들어진 대표적인 장례 문화가 '미라'이다. 그러나 처음부터 모든 사람이 사후 세계의 삶을 누릴 수 있다고 생각하지는 않았다. 오직 바로(파라오)만 누릴 수 있는 특권으로 여겼다가 시간이 흐르면서 모두가 사후 세계의 삶을 누린다고 믿게 되었다. 따라서 미라 제작도 바로에게만 행해지다가 점차 고위 관료와 백성들에게로 확대되었다.

미라는 시신에서 심장을 제외한 내장을 제거한 후 광야 지역에서 채취한 천연나트륨을 채워 습기를 제거한 후 송진을 발라서 방습, 방충 효과를 높였다. 그다음 아마포로 약 20겹쯤 시신을 감았는데, 한 겹 감을 때마다 송진을 발라 서로 단단히 접착되게 하였다.

보통 미라가 된 시신은 굴이나 피라미드에 보관했는데 이 공간은 단순히 무덤이 아니라 죽은 자가 살아가는 공간으로 이해되었다. 무덤 안에는 고인의 새로운 삶에 필요한 가구와 집기들을 넣어 줌으로 사후 세상에서 생활하는 데 불편하지 않도록 했다.

무덤 벽면에는 음식이 차려진 식탁에 고인이 앉아 있는 장면, 일상생활, 종교 의식 장면이 벽화나 글씨로 새겨졌으며 샤브티(Shabti)라는 작은 조각상들도 함께 넣었다. 이 조각상은 사후 세상에서 노동을 대신해 줄 시종들을 의미하는 것이다.

히브리인의 장례 제도

히브리인들은 사람이 죽으면 먼저 눈을 감기고 시체를 깨끗이 씻었다(행 9:37). 그런 뒤 향유나 몰약 등을 시체에 발라 세마포로 감싸고(마 27:59 ; 요 19:39~40) 들것에 실어 매장지로 운반했다. 이 과정에서 친척, 친구 등이 장례 행렬을 따랐다.

장례는 보통 1일장으로 대체로 사망 당일 치러졌다. 하루해를 넘기지 않으려고 애쓴 이유는 지역적으로 기온이 높아 시신의 부패 속도가 빠르기 때문이

기도 하지만, 부정(不淨)을 면하기 위해서였다(신 21:23 ; 요 19:31). 곧 히브리인들에게 있어 시체를 만지는 것은 부정한 일이었다(민 5:2).

무덤은 대개 굴이나 언덕에 구멍을 파서 만들었으며 매장이 끝난 뒤에도 보통 7일간 애곡 기간을 갖는다(창 50:10 이하 ; 삼상 31:13). 예외로 야곱을 위해서는 70일간, 모세와 아론의 경우는 30일간 애곡하였다(민 20:29 ; 신 34:8). 애곡 기간 중 고인을 추모하는 뜻에서 애가를 지어 부르기도 했는데, 사울과 요나단이 죽었을 때 다윗이 부른 애가가 대표적이다(삼하 1:19~27).

한편, 히브리인들은 죽어서 장사되지 못하는 일을 최대의 수치로 여겼다. 예를 들어, 개에게 먹혀 장사되지 못한 이세벨에 대한 심판(왕하 9:10)은 그 이상의 벌이 없을 정도로 수치스런 저주였다. 북이스라엘을 우상 숭배로 물들인 여로보암 왕(왕상 14:11)과 그 뒤를 계승한 바아사(왕상 16:4) 역시 마찬가지였다.

히브리인들은 애굽 사람들과 달리 시체를 매장할 때 사후 세계를 위한 물질적인 소유물들을 함께 매장하지 않았다. 사람의 영혼은 위로 올라가며(전 3:21), 이후 흙으로 돌아갔던 몸이 부활하여 영혼과 함께 연합할 것이라 믿었기 때문이다(단 12:2).

하나님 언약의 통로, 요셉

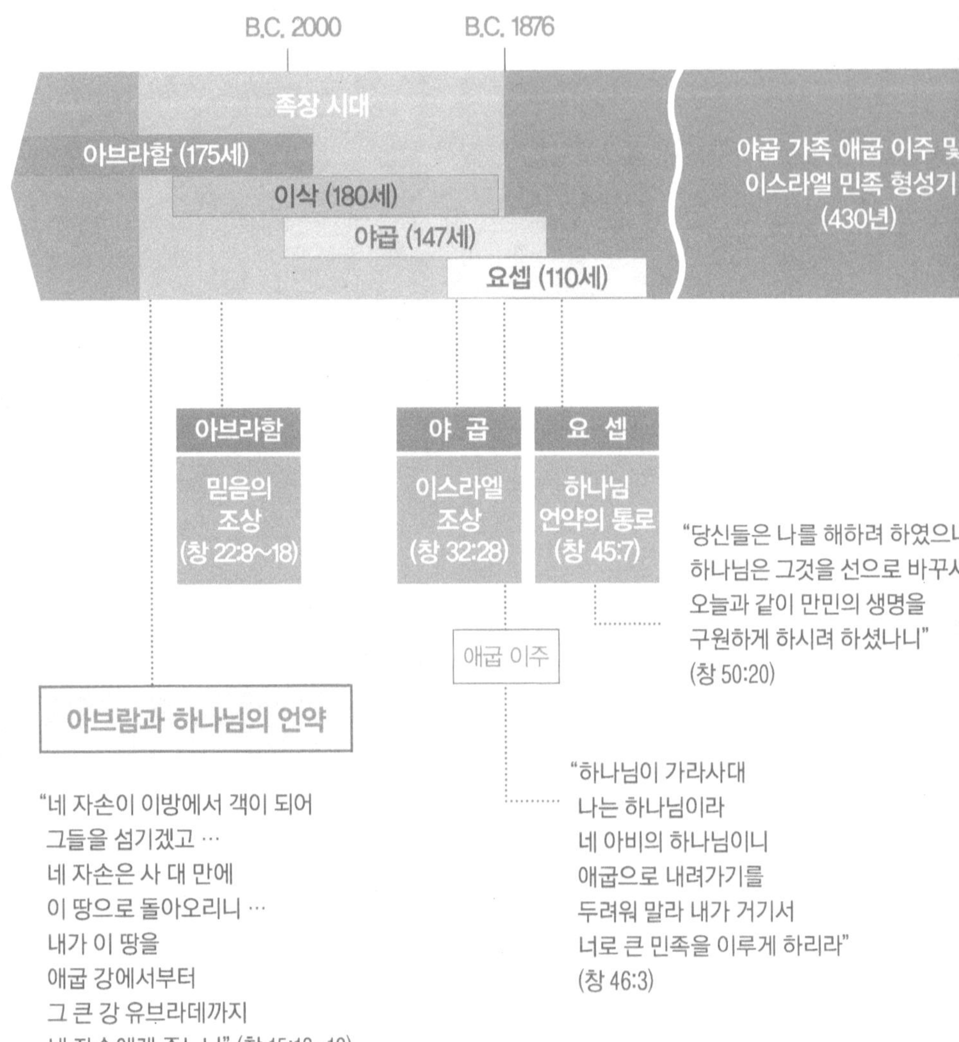

"네 자손이 이방에서 객이 되어
그들을 섬기겠고 …
네 자손은 사 대 만에
이 땅으로 돌아오리니 …
내가 이 땅을
애굽 강에서부터
그 큰 강 유브라데까지
네 자손에게 주노니" (창 15:13~18)

"이스라엘 자손이 애굽 땅에서 나온 지 사백팔십 년이요
솔로몬이 이스라엘 왕이 된 지 사 년 시브 월 곧 이 월에
솔로몬이 여호와를 위하여 전 건축하기를 시작하였더라" (왕상 6:1)

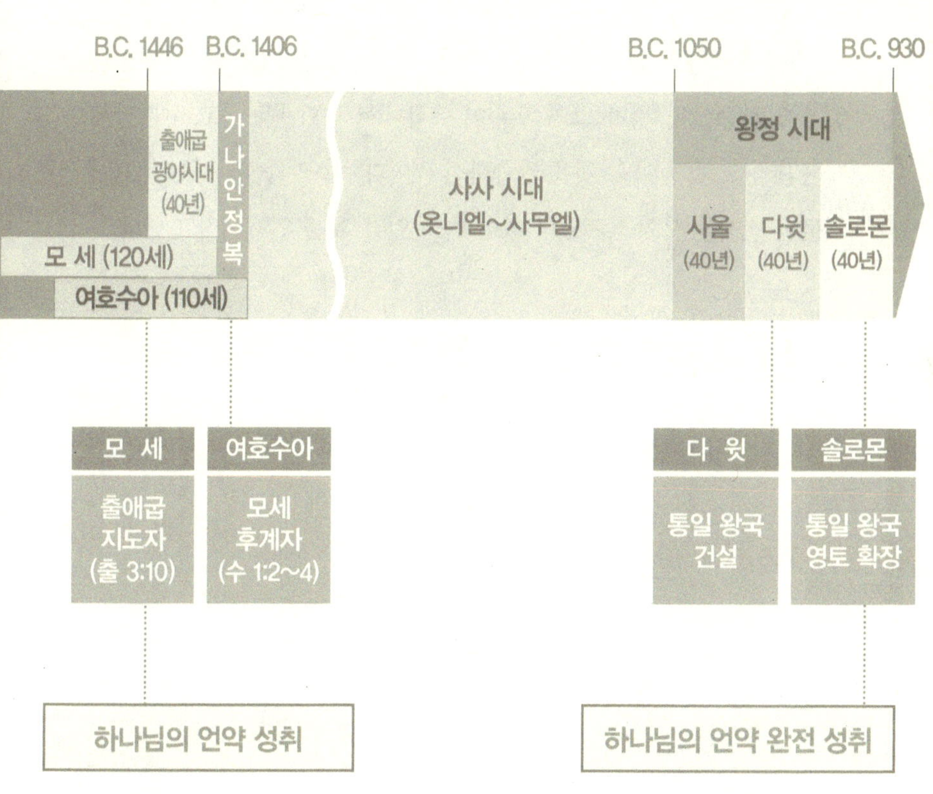

"사백삼십 년이 마치는 그날에
여호와의 군대가 다 애굽 땅에서
나왔은즉" (출 12:41)

"이와 같이 여호수아가
여호와께서 모세에게 이르신
말씀대로 그 온 땅을 취하여
이스라엘 지파의 구별을 따라
기업으로 주었더라" (수 11:23)

"다윗이 블레셋 사람을 쳐서
항복받고 …
모압 사람이 다윗의 종이 되어
조공을 바치니라 …
다윗이 어디로 가든지,
여호와께서 이기게 하시니라"
(대상 18:1~6)

"솔로몬이
유브라데 강에서부터
블레셋 땅과
애굽 지경까지의
열왕을 관할하였으며"
(대하 9:26)

· 마치며 2 ·

하나님의 횃불 언약과 예언 성취

창세기 15장을 보면 하나님께서 아브라함(아브람)에게 꿈을 통해 앞일을 알려주셨다. 장차 그의 후손이 애굽에서 '400년'을 살고 '4대 만에' 가나안 땅으로 돌아올 것을 말씀하신 것이다. 이 말씀 후, 어두울 때에 횃불이 번제물 사이를 지났다 하여 이를 일명 '횃불 언약'이라고 한다.

"여호와께서 아브람에게 이르시되 너는 정녕히 알라
네 자손이 이방에서 객이 되어 그들을 섬기겠고
그들은 사백 년 동안 네 자손을 괴롭게 하리니
그 섬기는 나라를 내가 징치할지며
그 후에 네 자손이 큰 재물을 이끌고 나오리라
너는 장수하다가 평안히 조상에게로 돌아가 장사될 것이요
네 자손은 사 대 만에 이 땅으로 돌아오리니
이는 아모리 족속의 죄악이 아직 관영치 아니함이니라 하시더니"
(창 15:13~16)

하나님께서는 장차 이스라엘 민족이 애굽에 들어가 종살이하며 고난당하는 기간을 400년이라 하셨다. 즉 아브라함의 후손이 다시 가나안 땅으로 돌아오기까지의 기간을 '400년'이라 한 것이다.

사도행전 7장 6절에도 "그 땅 사람이 종을 삼아 사백 년 동안을

괴롭게 하리라" 하여 400년을 언급하고 있다. 그런데 출애굽기 12장 40~41절을 보면 "이스라엘 자손이 애굽에 거주한 지 사백삼십 년이라 사백삼십 년이 마치는 그날에 여호와의 군대가 다 애굽 땅에서 나왔은즉" 하여 이 기간을 430년으로 기록하고 있다.

갈라디아서 3장 17절에도 "내가 이것을 말하노니 하나님의 미리 정하신 언약을 사백삼십 년 후에 생긴 율법이 없이 하지 못하여 그 약속을 헛되게 하지 못하리라" 하여 역시 430년으로 언급하고 있다.

왜 이런 차이가 나는 것일까? 400년이라 말씀하신 이유는 당시 사람들의 평균 수명을 고려하여 한 세대를 100년으로 잡아 사 대, 즉 400년이라 한 것이다. 곧 400년은 사 대와 짝을 이루는 어림 숫자로, 실제 이스라엘 백성이 애굽에 거주한 기간은 430년이다.

430년의 시작점과 끝점에 대해서는 몇 가지 다른 주장이 있지만, 일반적으로 야곱이 가족과 함께 애굽으로 이주한 때를 B.C. 1876년으로 하여 출애굽 사건이 일어난 B.C. 1446년까지를 계산하면 430년이 된다.

야곱 일가가 애굽 땅에 정착한 지 300여 년이 훌쩍 지난 시점, 어느새 그들은 번성하여 큰 민족의 면모를 갖추었다. 그러자 요셉을 알지 못하는 애굽의 새 왕은 이스라엘 자손이 번성하는 것에 두려움을 느끼고 경계하기 시작했다. 그들을 종으로 삼아 고역을 시키며 학대한 것이다. 고역 가운데 이스라엘 백성이 탄식하며 부르짖는 소리를 들으신 하나님께서는 아브라함과 이삭과 야곱에게 한 약속을 기억하신다.

이제 하나님께서 '사 대 만에' 조상의 땅으로 돌아오리라 한 언약의 성취가 다가왔다. 동시에 가나안 땅 거민들 역시 죄악으로 가득하여 더 이상 심판을 미룰 수 없는 지경에 이르렀다. 그러기에 하나님께서는 이스라엘 백성을 가나안 땅으로 인도할 사람을 예비하셨다. 그가 바로 모세이다.

> "애굽 왕이 히브리 산파 십브라라 하는 자와 부아라 하는 자에게
> 일러 가로되 너희는 히브리 여인을 위하여 조산할 때에 살펴서
> 남자여든 죽이고 여자여든 그는 살게 두라
> 그러나 산파들이 하나님을 두려워하여
> 애굽 왕의 명을 어기고 남자를 살린지라 …
> 바로의 딸이 목욕하러 하수로 내려오고
> 시녀들은 하숫가에 거닐 때에 그가 갈대 사이의 상자를 보고
> 시녀를 보내어 가져다가 열고 그 아이를 보니 …
> 이 아이를 데려다가 나를 위하여 젖을 먹이라 …
> 그 아이가 자라매 바로의 딸에게로 데려가니 그의 아들이 되니라
> 그가 그 이름을 모세라 하여 가로되 …" (출 1:15~22, 2:5~10)

하나님 섭리 속에 애굽의 왕자로 성장한 모세는 자기 민족을 학대하는 애굽 사람을 쳐 죽인 일로 하루아침에 도망자 신세가 되어 미디안 땅에서 40년 동안 양을 치며 살아야 했다. 이는 그를 연단하여 출애굽의 지도자로 삼기 위한 하나님 섭리였다.

때가 되자 하나님께서는 그를 민족의 지도자로 세우시고 바로 앞에 나가 출애굽을 요구하게 하셨다. 출애굽기 5장 이하를 보면 애굽 왕 바

로가 이를 응낙하지 않으니 하나님께서는 애굽 땅에 열 가지 재앙을 내리시고, 그 결과 모세의 인도하에 이스라엘 백성은 출애굽하게 된다.

"이스라엘 자손이 라암셋에서 발행하여 숙곳에 이르니
유아 외에 보행하는 장정이 육십만 가량이요
중다한 잡족과 양과 소와 심히 많은 생축이 그들과 함께하였으며 …
이스라엘 자손이 애굽에 거주한 지 사백삼십 년이라
사백삼십 년이 마치는 그날에
여호와의 군대가 다 애굽 땅에서 나왔은즉
이 밤은 그들을 애굽 땅에서 인도하여 내심을 인하여
여호와 앞에 지킬 것이니 이는 여호와의 밤이라 …" (출 12:37~42)

과연 하나님께서는 횃불 언약을 통해 아브라함(아브람)에게 말씀하신 대로 이스라엘 백성을 속박에서 해방하셨을 뿐 아니라 큰 재물까지 이끌고 약속의 땅으로 가게 하셨다. 이를 통해 요셉이 애굽에 종으로 팔려가 훗날 총리가 된 것도, 그의 형제들이 애굽으로 이주한 것도, 사백여 년 뒤 출애굽한 것도 하나님의 섭리 속에 이루어진 일임을 알 수 있다.

창세기 15장에 나오는 횃불 언약은 성경에 등장하는 많은 언약 가운데 중심적인 언약이다. 역사적으로는 가나안 정복을 통한 이스라엘의 회복을 담고 있지만, 궁극적으로는 죄로 인해 하나님과 단절된 인류가 잃어버린 하나님의 형상을 회복하여 하나님 자녀로 거듭나는 중대한 뜻이 담겨 있다.

가나안 땅에 대한 언약과 예언 성취

하나님께서는 아브라함(아브람)과 횃불 언약을 체결하면서 그의 자손에게 기업으로 주실 가나안 땅의 경계를 알려 주셨다.

"그날에 여호와께서 아브람으로 더불어
언약을 세워 가라사대 내가 이 땅을 애굽 강에서부터
그 큰 강 유브라데까지 네 자손에게 주노니
곧 겐 족속과 그니스 족속과 갓몬 족속과 헷 족속과
브리스 족속과 르바 족속과 아모리 족속과 가나안 족속과
기르가스 족속과 여부스 족속의 땅이니라 하셨더라" (창 15:18~21)

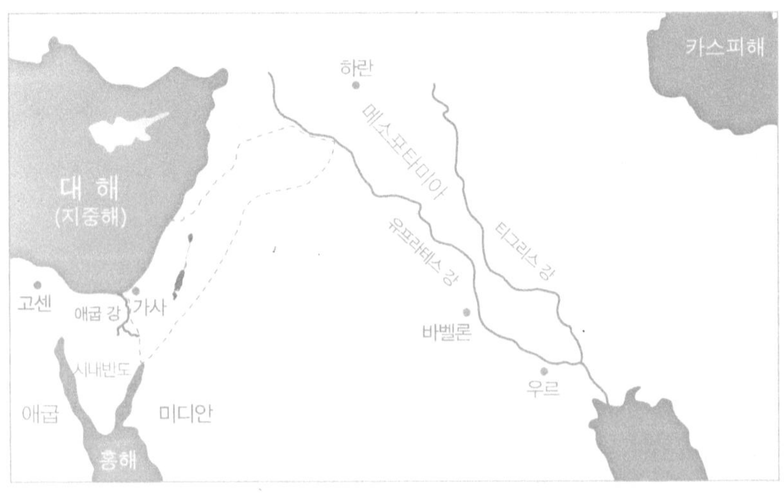

아브라함에게 약속하신 땅의 범위와 경계

가사 남쪽을 지나 지중해로 흐르는 '애굽 강'이 이스라엘 남쪽 경계선에 해당한다면(수 15:4 ; 왕상 8:65), 메소포타미아 문명의 발상지가 된 '유브라데 강'은 이스라엘 북쪽 경계를 나타낸다(신 1:7, 11:24 ; 수 1:4).

하나님께서는 아브라함에게 땅의 범위와 경계를 구체적으로 알려 주신 뒤 그 땅의 원주민인 열 족속에 대해 말씀하셨다. 이는 땅을 차지하기 위해서는 정복 과정이 필요하며, 하나님의 언약을 굳게 믿고 나아갈 때 능히 소유할 수 있다는 의미이다. 이 약속의 땅은 젖과 꿀이 흐르는 아름다운 곳이었다.

"옛날에 내가 이스라엘을 택하고
야곱 집의 후예를 향하여 맹세하고 애굽 땅에서
그들에게 나타나서 맹세하여 이르기를
나는 여호와 너희 하나님이라 하였었노라
그날에 내가 그들에게 맹세하기를 애굽 땅에서 인도하여 내어서
그들을 위하여 찾아 두었던 땅 곧 젖과 꿀이 흐르는 땅이요
모든 땅 중의 아름다운 곳에 이르게 하리라 하고" (겔 20:5~6)

모세를 통한 출애굽과 여호수아를 통한 가나안 정복

출애굽한 이스라엘 민족이 젖과 꿀이 흐르는 가나안 땅에 들어가기 직전, 모압 평지에 진을 치고 있을 때 하나님께서는 출애굽의 지도자 모세에게 가나안 땅의 동서남북 경계를 다시금 구체적으로 알려 주셨다.

"너희 남방은 에돔 곁에 접근한 신 광야니
너희 남편 경계는 동편으로 염해 끝에서 시작하여
돌아서 아그랍빔 언덕 남편에 이르고 …
애굽 시내를 지나 바다까지 이르느니라
서편 경계는 대해가 경계가 되나니
이는 너희의 서편 경계니라
북편 경계는 이러하니 대해에서부터 호르 산까지 긋고 …
너희의 동편 경계는 하살에난에서 그어 스밤에 이르고 …
그 경계가 또 요단으로 내려가서 염해에 미치나니
너희 땅의 사방 경계가 이러하니라" (민 34:3~12)

이는 정복 과정에 대한 확신과 용기를 주시기 위함이었다. 또한 언약 백성 이스라엘을 온 땅의 중심에 세우셨음을 알리기 위함이다(신 26:19, 32:8).

출애굽한 이스라엘 백성이 모세의 후계자 여호수아를 필두로 가나안 땅에 들어갈 때에는 "애굽 땅에서 유브라데까지" 전부를 차지하지는 못했지만 많은 땅을 정복하였다(수 18:1).

이때 제비뽑기를 통해 땅의 분배와 각 지파의 대략적인 위치를 정했는데(지도 1), 지난날 야곱의 유언(창 49:1~28)과 거의 일치하는 것을 볼 수 있다. 특히 야곱의 축복대로 에브라임과 므낫세 지파는 가나안 지역의 중앙에 위치한 비옥한 땅을 차지하였다.

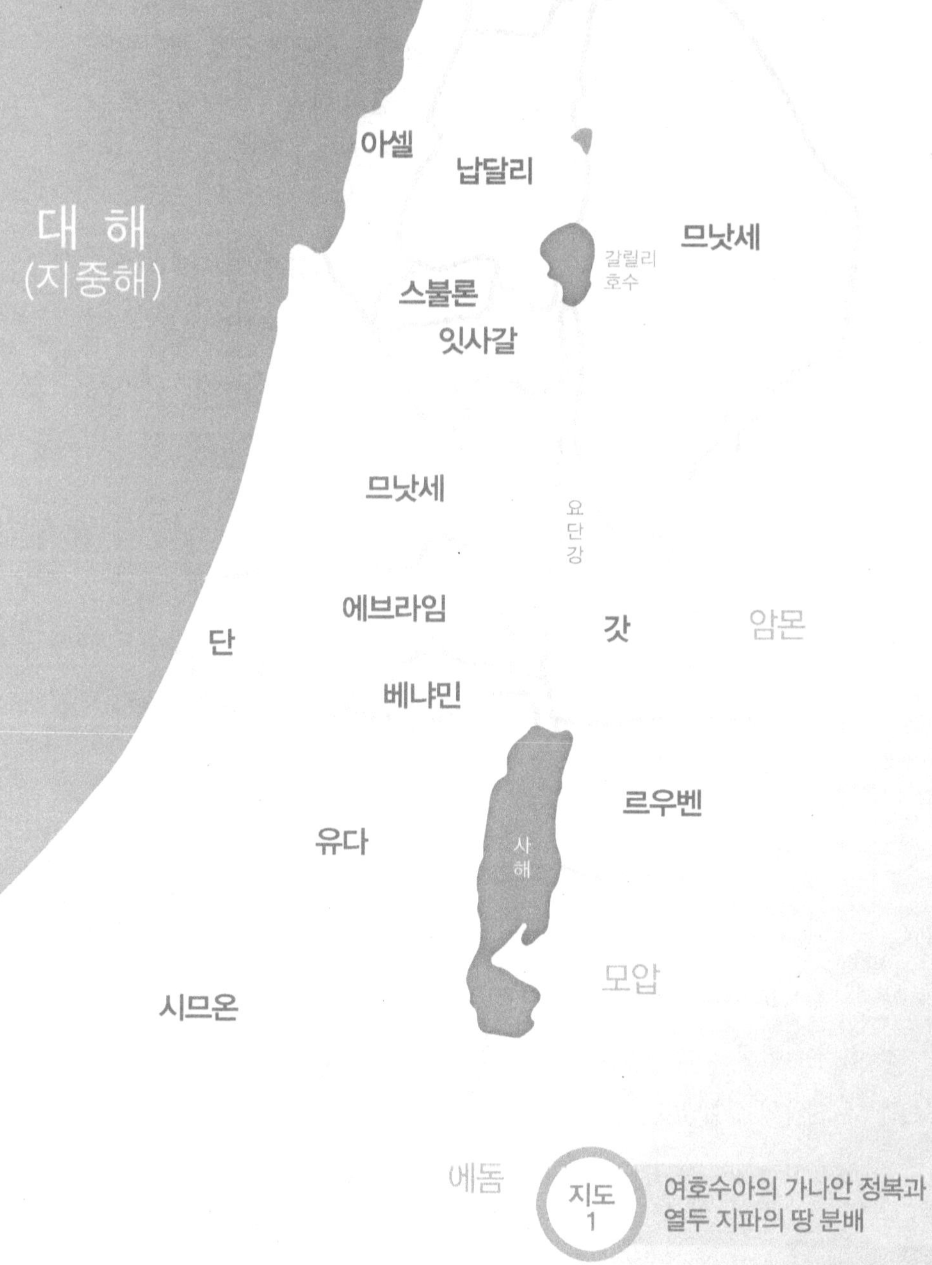

지도 1 여호수아의 가나안 정복과 열두 지파의 땅 분배

다윗의 통일 왕국 건설과 영토 확장

이스라엘의 초대 왕 사울이 죽은 후 다윗은 유다 지파에 의해 왕으로 추대되었다(삼하 2:4). 그리고 7년 후, 사울의 아들 이스보셋을 왕으로 삼았던 북쪽 지파까지 흡수함으로 통일 이스라엘 모든 지파의 왕이 된다(삼하 5:1~5).

다윗은 통일 왕국의 기반이 안정되자 주변 국가들을 정복해 나갔다(삼하 8:1~18). 그리하여 이스라엘의 영토는 시리아와 유브라데 강 유역까지 확장되었고, 막대한 전리품과 조공으로 인해 이스라엘은 강대국으로 부상하였다.

> "다윗이 블레셋 사람을 쳐서 항복받고
> 블레셋 사람의 손에서 가드와 그 동네를 빼앗고
> 또 모압을 치매 모압 사람이 다윗의 종이 되어 조공을 바치니라
> 소바 왕 하닷에셀이 유브라데 강가에서 자기 권세를 펴고자 하매
> 다윗이 저를 쳐서 하맛까지 이르고 …
> 아람 사람이 다윗의 종이 되어 조공을 바치니라
> 다윗이 어디로 가든지 여호와께서 이기게 하시니라" (대상 18:1~6)

수차례 정복 전쟁을 통해 다윗이 정복한 땅의 면적은 가나안 땅 정복기에 비해 약 3배나 넓어졌다(지도 2). 이는 하나님께서 아브라함과 맺은 언약의 성취였다.

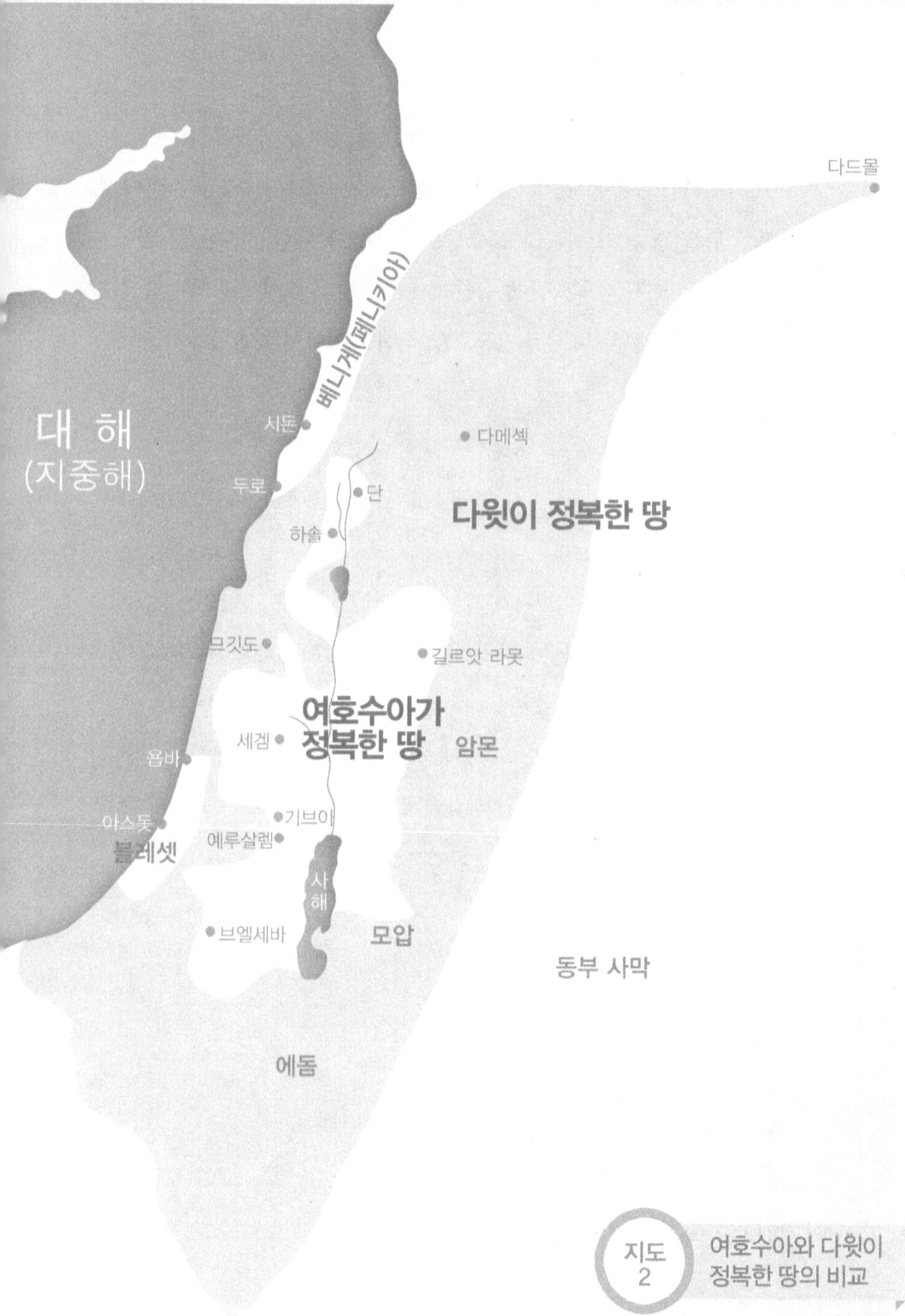

다드몰
베니게(페니키아)
대 해
(지중해)
시돈
다메섹
두로
단
다윗이 정복한 땅
하솔
므깃도
길르앗 라못
여호수아가
정복한 땅
세겜
암몬
욥바
아스돗
기브아
예루살렘
블레셋
사
해
브엘세바
모압
동부 사막
에돔

지도 2 여호수아와 다윗이 정복한 땅의 비교

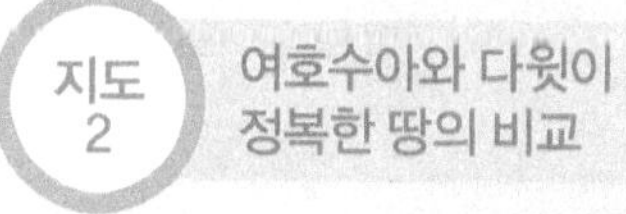

솔로몬 시대에 완전히 성취된 하나님의 언약

아버지 다윗으로부터 통일 왕국을 물려받은 솔로몬은 막강한 국력을 바탕으로 전쟁을 치르지 않고도 광활한 지역에 대한 지배권을 갖게 되었다(지도 3). 이것은 일찍이 하나님께서 이스라엘 백성에게 약속하신 축복의 성취이며 다윗에게서 솔로몬으로 이어진 언약의 결과였다.

"솔로몬이 유브라데 강에서부터
블레셋 땅과 애굽 지경까지의 열왕을 관할하였으며" (대하 9:26)

하나님께서 아브라함(아브람)에게 횃불 언약을 통해 가나안 일경을 주겠다 하신 언약이 솔로몬이 다스리던 때(주전 970~930년)에 비로소 완전히 성취된 것이다(왕상 4:25 ; 대하 9:26). 이때는 언약을 받은 후 무려 1,100여 년이 지난 시점이었다. 창세기 17장에 나오는 아브라함과의 언약 또한 이스라엘 역사를 통해 성취됨으로써 하나님께서는 살아 계셔서 약속하신 바를 반드시 이루시는 분임을 확증한다.

"내가 너로 심히 번성케 하리니
나라들이 네게로 좇아 일어나며 열왕이 네게로 좇아 나리라
내가 내 언약을 나와 너와 네 대대 후손의 사이에 세워서
영원한 언약을 삼고 너와 네 후손의 하나님이 되리라
내가 너와 네 후손에게 너의 우거하는 이 땅 곧 가나안 일경으로 주어
영원한 기업이 되게 하고 나는 그들의 하나님이 되리라" (창 17:6~8)

지도 3 다윗의 통일 왕국과 솔로몬의 영토 확장

하나님 언약의 통로 요셉

초판 1쇄 발행 2016년 10월 10일

지은이 이재록
발행인 빈성남
편집인 빈금선

발행처 우림북
영업부 02-837-7632, 070-8240-2072
팩 스 02-869-1537

등록번호 제 1-904호

값 15,000원

ISBN 979-11-263-0155-3
ISBN 979-11-263-0002-0 (set)

우림

우림은 구약 시대에 대제사장이 하나님의 뜻을 묻기 위해 판결흉패 안에 넣어 사용하던
도구 중의 하나이며, 히브리어로 '빛'이라는 의미가 있습니다(출애굽기 28:30).
빛은 곧 하나님 말씀이며 생명입니다.
우림북은 온 누리에 참 빛을 비추고자 오늘도 기도와 정성으로 문서선교 사역에 앞장서고 있습니다.

www.ingramcontent.com/pod-product-compliance
Lightning Source LLC
LaVergne TN
LVHW101917220826
846093LV00009B/281